Get Started in Hungarian

Zsuzsa Pontifex

First published in Great Britain in 2014 by Hodder and Stoughton. An Hachette UK company.

Copyright © Zsuzsa Pontifex 2014

British Library Cataloguing in Publication Data: a catalogue record for this title is available from the British Library.

Library of Congress Catalog Card Number: on file.

978 1 444 18317 7

10 9 8 7 6

Cover image © Thinkstock images

Typeset by Cenveo® Publisher Services.

Printed and bound in Great Britain by Clays Ltd, Elcograf S.p.A.

John Murray Learning policy is to use papers that are natural, renewable and recyclable products and made from wood grown in sustainable forests. The logging and manufacturing processes are expected to conform to the environmental regulations of the country of origin.

John Murray Learning

338 Euston Road

London NW1 3BH

www.hodder.co.uk

Contents

Credits

Voice Credits:

Recorded at Alchemy Studios, London.

Cast: Sarah Sherborne, Robert Luckay, Krisztina Heathcote, Kristina Erdely, Endre Szvetnik

Artwork Credits:

Illustrations by Barking Dog Art

Meet the author

I was born and raised in Hungary. After teaching for three years at a Budapest secondary school I moved to Britain. Here, entirely by chance, I was in the right place at the right time. In 1990, together with my husband James, we founded our own Hungarian language school and translation agency in London. I faced great challenges and had great opportunities: there were no good Hungarian textbooks and no trained teachers of Hungarian in Britain. Hungarian also had the reputation of being an extremely hard language to learn. I have been trying to prove it otherwise ever since. I wrote my own coursebook and trained our teachers. In 1993 my first book *Complete Hungarian* was published in the Teach Yourself series. Throughout the1990s I set Hungarian language exams for the Foreign Office, the Ministry of Defence, the Civil Service and the Institute of Linguists.

In 2001 I returned to Budapest with my family and set up Pontifex Nyelviskola Pontifex Language School (www.pontifex.hu). We provide Hungarian language training for the English-speaking community as well as online and residential courses for students from all over the world.

Throughout these years, perhaps more than anything, I have loved teaching this demanding yet highly rewarding language. My students have come from all walks of life: British and American diplomats, business people and private individuals. I am grateful to them all for helping me to develop a keen awareness of the difficulties for English speakers posed by Hungarian and for making my job so enjoyable.

Introduction

Welcome to *Get Started in Hungarian!*

Language and culture

You are about to experience learning a language that is like none other you might have studied before. Hungarian is not an Indo-European tongue like most European languages. The prevailing view is that it's a Finno-Ugric language (though some people dispute this). Both the structure and the vocabulary of Hungarian is different from those of most European languages. This is why it is reputed to be difficult. However, once you discover its logic you will realize that it is a most rewarding language to study as it still reflects the way of thinking that lies behind it.

The greatest advantage of learning Hungarian is the insight it gives into a very distinctive and rich culture. Whatever your interests – literature, history, folk traditions, fine arts, classical or folk music, arts and crafts, architecture, cultural events, culinary pleasures, fine wines, health spas, horse-riding, etc. – you will not be disappointed. Both language and country have something very special to offer you.

The forefathers of Hungarians migrated from the East and settled in the Carpathian Basin in 896 AD. István *Stephen* became their first king. He founded a Roman Catholic Christian kingdom firmly aligned to Western Europe. Hungarian culture reflects this rich and unique blend of East and West and the language is the key to unlocking its treausres.

Who is the course for?

If you want a practical course for absolute beginners and you wish to communicate in Hungarian in straightforward, everyday situations while acquiring solid foundations in the language *Get Started in Hungarian* is for you. Do not worry if you have not studied any languages before. Only key grammatical terms are introduced and they are explained as you come across them. There are plenty of exercises along the way to make the language introduced in each unit 'sink in'. If afterwards you would like to speak Hungarian at a higher level *Complete Hungarian* will take you there.

How the book works

First work carefully through the **Pronunciation** section. Repeat each sound and example several times after the speaker. The time and care spent on this will pay off later. Once you get into good habits you won't need to worry about your pronunciation any more. Most English speakers can achieve a very good Hungarian accent! This will boost your confidence immediately.

After this each unit follows the same pattern:

What you will learn identifies what you will be able to do after having worked your way through the unit.

Cultural introduction is an opening passage which gives you some background information on the topic of the unit while introducing a few relevant words and expressions.

Vocabulary builder contains the key vocabulary of the unit. You get a list of Hungarian expressions and you have to work out some of the English equivalents yourself based on the clues you are given.

New expressions lists the most important Hungarian expressions used in the conversation together with their English translations.

Conversation 1 presents the key language of the unit in a dialogue format. The scene is set for you in English. An opening question focuses your attention on some key information in the text. A few follow-up questions will help you to check your comprehension.

Language discovery makes you aware of the key grammatical structures and language points introduced in the conversation. You will be asked to observe and discover how these work.

Learn more 1 summarizes these new structures and language points in simple terms giving you further examples to illustrate how these are used.

Practice 1 makes you perfect! Here you get the exercises you need to assimilate the language of the unit.

Listening helps you to improve your listening skills by asking you to complete a dialogue or a text after having listened to the audio.

Conversation 2 takes you to a similar situation to the one encountered in the first conversation. This contains additional language to expand your knowledge.

Learn more 2 complements the language points already introduced and the **Practice 2** section following it helps you to make your knowledge more active.

Test yourself provides you with an opportunity to see how well you have understood and learned the language of the unit.

Self-check closes the unit summarizing what you can do in Hungarian.

Additionally, there are three **Review** units in the book to help you consolidate your knowledge. For checking your answers to the questions in the units refer to the **Answer key** at the back of the book. After that you'll find some **Grammar tables** summarizing some key points learned. Finally the **Hungarian–English** vocabulary allows you quick access to all the words and phrases studied.

To make your learning easier and more efficient, a system of icons indicates the actions you should take:

 Play the audio

 Listen and repeat

 Figure it out for yourself

 Culture tip

 Practice coming up!

 Speak Hungarian out loud

 Check your Hungarian

 Practice your writing

Learn to learn

There are numerous approaches to language learning. You might have already encountered a few yourself. Some are very practical and efficient, others quite unconventional.

In this book I have incorporated the **Discovery method** of learning, a sort of DIY approach to language learning. What it means is that you will be encouraged throughout the course to engage your mind and figure out the language for yourself, through identifying patterns, understanding grammar concepts, noticing words that are similar to English, and more. This method promotes *language awareness*, a critical skill in acquiring a new language. As a result of your own efforts, you will be able to better retain what you have learned, use it with confidence, and apply those same skills to continuing to learn the language on your own after you've finished this book.

Everyone can succeed in learning a language – the key is to know **how** to learn it. Learning is more than just reading or memorizing grammar and vocabulary. It's about being an active learner, learning in real contexts, and, most importantly, **using** what you have learned in different situations. Simply put, if you **figure out something for yourself**, you're more likely to understand it. And when you use what you've learned, you're more likely to remember it.

Because even the less interesting aspects of language learning, like grammar rules, are introduced through the **Discovery method**, you will enjoy learning so much more. Soon, the language will start to make sense and you'll be able to create sentences of your own, not just listening and repeating.

HOW TO BECOME PROFICIENT

One thing is for certain: there's no magic pill. Learning a foreign language requires patience and perseverance. But it is also a very creative and enriching experience.

DEVELOP GOOD STUDY HABITS

These are essential to acquire right from the word go. There's nothing more frustrating than trying to get rid of bad habits and ingrained mistakes.

Make a habit of setting aside some study period each day. Make it 20–30 minutes if you can but if you can't manage just do five or ten. Learning a language is like learning to play a musical instrument: you need constant practice. Doing a little regularly is much more effective than long sessions every now and then.

LEARNING VOCABULARY

Whatever method you choose to use, the key is to learn one word or phrase thoroughly at a time before moving on to the next one. Here are a few ideas:

▶ Repeat aloud several times each new expression. After having learned about a dozen, cover the English side and try to supply the English equivalents of the Hungarian expressions from memory. Then do it vice versa.
▶ Write down each expression a few times while saying them aloud.
▶ Associate the Hungarian words with the image, e.g. when you learn the Hungarian word for *tree* picture a tree in your mind's eye.
▶ Associate the new word with pictures or situations or similar sounding English words.
▶ Create flash cards. Keep shuffling them. If you forget an expression re-learn it.
▶ When learning a new word always put it in a simple sentence of your own. Don't be over ambitious. Use only vocabulary and structures you know already.

STUDYING GRAMMAR

Understanding grammar is just the first step. You need lots of practice to be able to use new structures. Therefore, never rush on to the next unit until you can confidently and fluently use the new structures in sentences of your own.

Rather than just learning abstract rules, always learn the examples given. This will help you to form similar structures yourself.

IMPROVING YOUR FLUENCY

When studying the conversations first just repeat sentences after the speakers. Then imagine that you are a native speaker and act out one part, then the whole conversation, playing the role of all participants. You will soon discover what fun it is to speak Hungarian!

SOME GENERAL TIPS

Try to avoid the habit of thinking in English first and translating what you want to say into Hungarian afterwards. This will only leave you frustrated. Make an effort to express yourself in Hungarian with the simple, limited vocabulary and grammar that you have learned, right from the start. You will often find that even complicated things can be expressed simply.

Don't forget that learning a language is a roller-coaster experience. You will have your ups and downs. As long as you don't give up you will make progress.

Most Hungarians will be touched and impressed if you make an effort with their rare and fascinating language. Whatever you can say will make you a winner!

ABBREVIATIONS USED IN THE BOOK

sing.	singular
pl.	plural
form.	formal
fam.	familiar
pron.	pronounced
lit.	literally

Pronunciation guide

This brief summary gives you guidelines which will enable you to produce sounds recognizable to Hungarians. However, the best way of acquiring a good accent is to listen to and imitate native speakers. The audio accompanying this course and the pronunciation exercises will help you to do this.

Hungarian is a phonetic language, so on the whole, it is pronounced as it is written. Therefore, once you have learned the sound of each particular letter, you will be able to pronounce almost every word. You will find the pronunciation of words that do not follow this rule in brackets, e.g. **utca** (pron. ucca).

You need to bear in mind two important things when pronouncing Hungarian words.
▶ All Hungarian sounds should be pronounced distinctly.
▶ The stress is always on the first syllable of every word.

Vowels

With the exception of **a**, **á**, **e** and **é**, Hungarian vowels have a short and a long version of the same sound. You should pronounce long vowels about twice as long as their short equivalents. In writing, short vowels might have one or two dots above them. Long vowels are marked with one or two acute accents.

Note that all the consonants in the examples are pronounced in exactly the same way as in standard British English.

 00.01

Hungarian letter	How to pronounce it	Example
a	similar to *o* in *hot*, only drop your chin	**hat**
á	like *u* in *hut*, but twice as long	**hát**
e	like *e* in *pen*	**nem**
é	like *a* in *play*, only stop before	**dél**

	you get to the *y* and linger a bit on the *a*	
i	similar to the *i* in *sit*, only put your tongue right behind your lower teeth	**mit**
í	like *ee* in *meet*	**víz**
o	like *aw* in *paw*, only shorter and round your lips	**hol**
ó	like *aw* in *paw*, only round your lips	**hó**
ö	like *o* in *polite*, but round your lips (like *e* in the French word *le*)	**ön**
ő	like *o* in *polite*, but round your lips and make it about twice as long	**nő**
u	like *u* in *put*, only purse your lips	**fut**
ú	like *oo* in *soon*	**búg**
ü	say *i* like in *sit*, put your tongue behind your lower teeth and purse your lips (like *u* in the French word *tu*)	**ül**
ű	say *i* like in *sit*, put your tongue behind your lower teeth, purse your lips and make it about twice as long	**műt**

Consonants

Hungarian consonants are spelt with one or two letters. (There is one three-letter consonant in Hungarian **dzs**, but it very rarely used.) Every consonant can be short or long. You should pronounce long consonants about twice as long as their short equivalents. (You can achieve this by lingering on the same sound before going on to the next one.) In writing, long consonants are doubled, e.g. **ép** – **éppen**. In the case of double letter consonants, only the first letter is repeated, e.g. **busz** – **busszal**.

00.02 The following consonants are pronounced and spelt the same as in English:

Hungarian letter	How to pronounce it	Example
b	like *b* in *bath*	baba
d	like *d* in *deep*	de
f	like *f* in *face*	fal
g	like *g* in *gull*	Gizi
h	like *h* in *house*	ház
k	like *k* in *park*	kép
l	like *l* in *laugh*	lila
m	like *m* in *man*	mama
n	like *n* in *no*	néni
p	like *p* in *tip*	pék
t	like *t* in *hot*, only put your tongue right behind your upper teeth	tél
v	like *v* in *vet*	váza
z	like *z* in *zoo*	zene

00.03 The following consonants are pronounced and/or spelt differently from English:

Hungarian letter	How to pronounce it	Example
c	like *ts* in *hats*	cica
cs	like *ch* in *cheese*	csak
dz	like *ds* in *roads*	edz
dzs	like *j* in *jam*	dzsem
gy	similar to *d* in *during*, only press your tongue flat against your palate	Gyula
j/ly	spelt differently but pronounced the same way, like *y* in *you*	jó hely
ny	like *ny* in *canyon*	anya
r	like the Scottish *r* in *Robert*,	tér

	roll the tip of your tongue	
s	like *sh* in *ship*	**és**
sz	like *s* in *sea*	**szép**
ty	similar to *t* in *studio*, only press your tongue flat against your palate	**tyúk**
zs	like *s* in *pleasure*	**zseb**

The Hungarian alphabet

You will need this when looking up a word in the dictionary or spelling your name. You will find in brackets the Hungarian names of the letters. The * means that the letter only occurs in Hungarian family names or words of foreign origin.

a (a)	**í** (í)	**s** (es)
á (á)	**j** (jé)	**sz** (esz)
b (bé)	**k** (ká)	**t** (té)
c (cé)	**l** (el)	**ty** (tyé)
cs (csé)	**ly** (elipszilon)	**u** (u)
d (dé)	**m** (em)	**ú** (ú)
dz (dzé)	**n** (en)	**ü** (ü)
dzs* (dzsé)	**ny** (eny)	**ű** (ű)
e (e)	**o** (o)	**v** (vé)
é (é)	**ó** (ó)	**w*** (duplavé)
f (ef)	**ö** (ö)	**x*** (iksz)
g (gé)	**ő** (ő)	**y*** (ipszilon)
gy (gyé)	**p** (pé)	**z** (zé)
h (há)	**q*** (kú)	**zs** (zsé)
i (i)	**r** (er)	

Useful expressions

GREETINGS AND FAREWELLS

Hello. (sing. fam.)	**Szia!**
Hello. (pl. fam.)	**Sziasztok!**
Goodbye. (sing. fam.)	**Szia!**
Goodbye. (pl. fam.)	**Sziasztok!**
Good morning. (before 9 a.m.)	**Jó reggelt!**
Good morning/afternoon. (between 9a.m. and 7 p.m.)	**Jó napot!**
Good evening.	**Jó estét!**
Good night.	**Jó éjszakát!**
Goodbye.	**Viszontlátásra!**

COURTESIES

Have a nice day.	**Szép napot!**
Thank you.	**Köszönöm.**
Thank you very much.	**Köszönöm szépen.**
Thank you for everything.	**Köszönök mindent.**
Have a nice weekend.	**Jó hétvégét!**
Thank you, the same to you.	**Köszönöm, viszont.**
Bon appétit.	**Jó étvágyat!**
Cheers! (lit. *To our health.*)	**Egészségünkre!**
May I?	**Szabad?**
Yes, please. (in answer to **Szabad?**)	**Tessék.**
Here you are.	**Tessék.**
Please take a seat.	**Tessék.**
You go first.	**Tessék.**
You are welcome.	**Szívesen.**
Excuse me.	**Bocsánat.**
Sorry.	**Bocsánat.**
That's all right.	**Semmi baj.**

MAKING YOURSELF UNDERSTOOD

Pardon?	**Tessék?**
I don't understand.	**Nem értem.**
Slower, please.	**Lassabban!**
Yes.	**Igen.**
No.	**Nem.**
I don't know.	**Nem tudom.**
I only know a little Hungarian.	**Csak egy kicsit tudok magyarul.**
Do you speak English? (sing. form.)	**Beszél angolul?**
Could you help? (sing. form.)	**Tudna segíteni?**

OTHERS

Yes, please. (in a shop)	**Tessék.**
How much does it cost?	**Mennyibe kerül?**
Is that OK?	**Jó?**
Will that be all right?	**Jó lesz?**
That'll be fine.	**Jó lesz.**
I'll take it.	**Kérem.**
I don't want it.	**Nem kérem.**
This one, please.	**Ezt kérem.**
That one, please.	**Azt kérem.**
open	**nyitva**
closed	**zárva**
Where is …?	**Hol van …?**
here	**itt**
there	**ott**
Just a moment.	**Egy pillanat!**
street	**utca**
road	**út**
square	**tér**

00.04 NUMBERS (1–10)

1	**egy**	6	**hat**
2	**kettő**	7	**hét**
3	**három**	8	**nyolc**
4	**négy**	9	**kilenc**
5	**öt**	10	**tíz**

QESTION WORDS

who?	**ki?**
what?	**mi?**
where?	**hol?**
where to?	**hova?**
where from?	**honnan?**
what kind of? what is … like?	**milyen?**
which? which one?	**melyik?**
when?	**mikor?**
how?	**hogy?**
how many?	**hány?**
how much?	**mennyi?**
why?	**miért?**

Szia!
Hello!

In this unit you will learn how to:
▶ *say hello and goodbye in informal situations.*
▶ *introduce yourself and others.*
▶ *give your name, nationality and job.*
▶ *ask how someone is and answer this question.*

CEFR (A1): *Can establish basic social contact by using simple everyday polite forms of greetings and farewells; introductions, etc.*

Visiting Hungary

Magyarország (*Hungary*) is a small country in **Közép-Európa** (*Central-Europe*). It has about 10 million inhabitants. **A magyar nyelv** (*the Hungarian language*) however is spoken by an additional 5 million people in neighbouring countries as well as by Hungarian people scattered around the world. They left the country in different waves throughout its stormy history.

Budapest a magyar főváros (*Budapest is the Hungarian capital*). With its spectacular setting on the River Danube, beautiful buildings and rich cultural life it is one of the most impressive cities in Europe. There are other very pretty Hungarian towns, such as **Debrecen**, **Szeged**, **Sopron**, **Pécs** and **Eger**. Hungary has one of the biggest lakes in Europe called **Balaton**, affectionately called **a magyar tenger** (*the Hungarian sea*). Its soft, greenish-blue water and grassy shores make it an ideal holiday destination. Hungary is also well blessed with numerous medicinal spas as well as two majestic rivers: **a Duna** (*the Danube*) and **a Tisza** (*the Tisza*).

The Hungarian word for *explain* is **magyaráz**. Which word do you recognize from the text hidden in it? What do you think it tells you about the way Hungarians see the idea of explaining something unfamiliar?

Vocabulary builder

01.01 Look at the Hungarian words and phrases and complete the missing English expressions. Then listen and repeat. Make sure you pronounce every sound clearly and distinctly. Don't swallow the end of words!

ASKING FOR AND GIVING PERSONAL INFORMATION

James vagyok.	*I am James.*
Zsuzsa vagyok.	_____ *Zsuzsa.*
Angol vagyok.	_____ *English.*
Amerikai vagyok.	_____ .
Üzletember vagyok.	_____ *a businessman.*
Fotós vagyok.	_____ .
Skót vagy?	*Are you Scottish?*
Magyar vagy?	_____ *Hungarian?*
Kanadai vagy?	*Are you* _____ ?
Tanár vagy?	_____ *a teacher?*
Diák vagy?	_____ *a student?*
Menedzser vagy?	_____ ?

> When asking about or giving the name of someone's job the equivalents of *a/an* are not used in Hungarian.

NEW EXPRESSIONS

Szia!	*Hello!* or *Goodbye!* (When speaking to one person informally i.e. it is the singular familiar form; abbreviated as sing. fam.)

> When saying *hello* or *goodbye* informally to several people use **Sziasztok!** This is the plural familiar form; abbreviated as pl. fam.

Szép név!	*It's a beautiful name!* (literally *beautiful name*) (From now onwards literally will be abbreviated as lit.)
Köszönöm.	*Thank you.*
női név	*female name*
férfinév	*male name*
Értem.	*I understand, I see.*
Nem értem.	*I don't understand.*
Bocsánat.	*Sorry.*
Lassabban.	*Slower.*
légy szíves	*please* (lit. *be so kind*) sing. fam.

Miért?	Why?
Budapesten	in Budapest
nagyon szép város	very beautiful city

 # Conversation 1

01.02 *While in Budapest James is visiting István, an old friend of his. István introduces him to Zsuzsa, a Hungarian girl he met at university.*

1 Listen to their conversation. What does James think of Budapest?

István	James, Zsuzsa. Zsuzsa, James.
James	Szia, James vagyok.
Zsuzsa	Szia, Zsuzsa vagyok.
	(They shake hands.)
James	Szép név!
Zsuzsa	Köszönöm. Tipikus magyar női név.
James	Értem.
Zsuzsa	Te skót vagy? A James skót férfinév.
James	Nem, angol vagyok.
Zsuzsa	És miért vagy most itt Budapesten?
James	Bocsánat, nem értem. Lassabban, légy szíves!
Zsuzsa	Miért vagy most Budapesten?
James	Mert fotós vagyok és Budapest nagyon szép város.

VOCABULARY

tipikus *typical*; **és** *and*; **most** *now*; **itt** *here*; **mert** *because*

2 Match the Hungarian and the English sentences.

a James, Zsuzsa.

b Tipikus magyar női név.

c És miért vagy most Budapesten?

1 It's a typical Hungarian female name.

2 And why are you in Budapest now?

3 James, this is Zsuzsa.

 3 What do you think? Read the conversation and answer these questions.

a Does James like Zsuzsa's name?

b Why does Zsuzsa ask if James is Scottish?

c Why is James in Budapest?

4 01.03 **Now listen to the conversation line by line and repeat it several times. Then listen to Zsuzsa's lines and respond as if you were James.**

Language discovery

Read the conversation again and answer the questions.

1 What are the Hungarian equivalents of the words in italics in a and b?
  a I *am*
  b you *are*
  c Why do you think there is no need in Hungarian for using the equivalents of *I* and *you*?

2 Now find the phrases in a and b in Hungarian:
  a I am James.
  b I am a photographer.
  c How does Hungarian word order compare with that of English?

Learn more 1

1 LENNI VAGY NEM LENNI ... *TO BE OR NOT TO BE ...*

> **vagy** can also mean *or*

In Hungarian, verbs (i.e. words expressing actions like *go*, *eat*, etc.) are conjugated. So the doer of the action can always be identified by the verb ending. For example **vagyok** can only refer to *I* and **vagy** can only refer to *you* (sing. fam.). Therefore the words for *I* and *you* are not needed and are only used for emphasis or contrast. E.g. **Te skót vagy?** *Are you Scottish?* Here are the singular forms of the verb **lenni** *to be*:

first person:	**(én) vagyok**	*(I) am*
second person:	**(te) vagy**	*(you) are*
third person:	**(ő) –**	*(he/she) is*

Ő can mean either *he* or *she*, but never *it*.

Please note that no verb is used for the *he/she/it* form when asking or describing someone or something or in sentences where we ask or state who or what someone or something is e.g.

James angol.	*James is English.*
Tamás menedzser.	*Tamás is a manager.*
Budapest szép város.	*Budapest is a beautiful city.*

The third person form (i.e. the equivalent of the English word *is*) does exist and you will encounter it in Unit 2.

2 HUNGARIAN WORD ORDER

Hungarian word order is governed by the focus i.e. the key piece of information in the sentence. The golden rule is that the focus is followed by the verb. What comes before or after is often optional. To get into good habits start your sentence with the focus. E.g.: ***James* vagyok. *Fotós* vagyok**.

Please note the question word is always the focus of the question, so it should be followed by the verb, e.g. ***Miért* vagy most Budapesten?** *Why are you now in Budapest?* Another example is **Ki vagy?** *Who are you?*

When answering, start with your response to the question word and keep the rest of the order of the question: ***Zsuzsa* vagyok.** *I am Zsuzsa.*

3 INTONATION

a Statements in Hungarian have a falling intonation. (In the following diagrams the three lines indicate the pitch i.e. the height of your voice.)

Magyar vagyok.

John kanadai.

b Question word questions (i.e. those beginning with a question word like **miért?** *why?*) rise high on the first syllable and then fall to a medium pitch.

Miért vagy Budapesten? *Why are you in Budapest?*

c Yes-or-no questions (i.e. those which do not begin with a question word and can be answered with **igen** *yes* or **nem** *no*) such as **Skót vagy?** *Are you Scottish?* start on medium pitch. Your voice will then drop a bit before going up either on the last or the penultimate syllable. In the latter case, it has to come down to medium pitch again.

Skót vagy?   **Angol vagy?**

d From now onwards you will find in square brackets an indication of the correct intonation for yes-or-no questions.

Skót vagy? [↗]   **Angol vagy?** [↗]

e **Vagy** *or* questions. With these your voice goes up slightly before **vagy** *or* and then it falls back to medium pitch.

Angol vagy skót vagy?   *Are you English or Scottish?*

4 QUESTIONS AND STATEMENTS

When asking questions you do not need to change the word order in Hungarian:

Amerikai vagy.   *You are American.*

Amerikai vagy?   *Are you American?*

The only thing that changes is the intonation.

5 A, AZ BOTH MEANING *THE*

A is used before a word beginning with a consonant, and **az** comes before a word beginning with a vowel. These are used when speaking about a name.

A James skót férfinév.   *James is a Scottish male name.*

Az Éva szép magyar női név.   *Eva is a beautiful Hungarian female name.*

Practice 1

1 Complete the sentences with the missing verbs where it is necessary.

a Szia! Ausztrál _____ ? [2]
b Nem, ír _____ .
c Kati magyar _____ ? [1]
d Budapest nagyon szép _____ .

> **VOCABULARY**
> **ausztrál** Australian; **ír** Irish

2 Match the Hungarian sentences with the English ones.

a A Zsuzsa tipikus magyar név? [2]
b A Zsuzsa tipikus magyar név.

c Ausztrál vagy? [2]
d Szeged szép város? [2]

e Szeged szép város.

1 Is Szeged a beautiful city?
2 Zsuzsa is a typical Hungarian name.
3 Szeged is a beautiful city.
4 Is Zsuzsa a typical Hungarian name?
5 Are you Australian?

3 Answer these questions about yourself.

a Ki vagy?
b Sarah vagy? [2]
c Kanadai vagy? [2]
d Szép név a Barbara? [2]

4

a Read out the following Hungarian names. Make sure you stress the first syllable. Guess what their English equivalents are and write them next to the Hungarian names.
b Now put them in full sentences like this:

Az Anna angolul Ann. *Anna is Ann in English.*

> **VOCABULARY**
> **angolul** in English

női név	**férfinév**
Anna	Tamás
Mária	György

Sára	Pál
Júlia	András
Andrea	József
Zsófia	Péter
Judit	Ádám

Pronunciation

01.04 Repeat these sounds and words after the speaker. Make sure you pronounce the vowels clearly as they change the meaning of the words below! Note how your mouth opens wider and wider as you go from **o** to **a** and then to **á**.

o – a	a – á	o – a – á
hol – hal	hal – hál	hol – hal – hál
lop – lap	lap – láp	lop – lap – láp
kor – kar	kar – kár	kor – kar – kár
tor – tar	tar – tár	tor – tar – tár
korom – karom	haja – hája	korom – karom – károm
molyom – majom	faja – fája	molyom – majom – májam

Listening

01.05 *Mari and Bill meet at a Hungarian teachers' conference.*

1 What nationality is Bill?

2 Listen to their conversation and complete the missing words.

   a Mari   _____ ! Mari vagyok.
   b Bill   Szia, Mari! Én Bill _____ .
   c Mari   _____ vagy?
   d Bill   Nem, _____ vagyok.
   e Mari   És _____ vagy itt?
   f Bill   Mert _____ vagyok!

3 01.06 **Repeat these statements and questions. Imitate the speaker's intonation.**

   a Debrecen szép város? [2]
   b Debrecen nagyon szép város.
   c Kati vagy? [2]
   d Te vagy Kati? [2]

e Ír vagy? [1]

f Bill ír? [1]

g Miért vagy Budapesten?

Conversation 2

01.07 *Éva bumps into Eszter, her next door neighbour, in the street.*

1 Listen to their conversation. Where does Éva invite Eszter?

Éva	Szia Eszter!
Eszter	Szia Éva! Hogy vagy?
Éva	Köszönöm, jól. És te?
Eszter	Kösz, én is jól vagyok. Csak egy kicsit fáradt vagyok.
Éva	Sietsz?*
Eszter	Nem. Miért?
Éva	Van itt egy jó kávéház. Egy kicsit beszélgetünk*. Jó?
Eszter	Jó!

* You will learn the full conjugation of these verbs in later units.

> **VOCABULARY**
>
> **csak** *only, just*; **egy kicsit** *a little*; **Sietsz?** [1] *Are you in a hurry?*; **van** *there is*; **jó** *good, OK, fine*; **jól** *well*; **kösz** *thanks*; **ház** *house*; **beszélgetünk** *we'll have a chat* (lit. *we are having a chat*)

2 Read the conversation again and review the following expressions. Then match the columns.

a Hogy vagy?

b Köszönöm, jól.

c Kösz, én is jól vagyok.

d Csak egy kicsit fáradt vagyok.

e Sietsz? [1]

f Van itt egy jó kávéház.

1 Thank you, I'm well (i.e. fine).

2 I'm just a little tired.

3 Are you in a hurry?

4 How are you?

5 There's a good café (lit. coffee house) here.

6 Thanks, I'm also fine.

 3 01.08 **Now listen to the conversation line by line and repeat it several times. Then listen to Éva's lines and respond as if you were Eszter.**

4 Read the conversation again and find the Hungarian translations of:
   a also
   b a

Learn more 2

1 IS ALSO, AS WELL

This word comes after the word it refers to. It is not stressed and it is pronounced as if it was part of the previous word.

Én is jól vagyok.   *I am also well.*

2 EGY   *A, AN*

This word has only one form in Hungarian. It is **egy** both before vowels and consonants.

egy kávéház   *a café*
egy angol férfi   *an English man*

Practice 2

1 Match the columns.

a Zsuzsa is fáradt.	**1** Sopron is also a beautiful city.
b A Kati is szép név.	**2** Zsuzsa is tired as well.
c Sopron is szép város.	**3** I'm also American.
d Én is amerikai vagyok.	**4** Kati is also a beautiful name.

 2 Now give your own answers to these questions.

a Hogy vagy?
b Fáradt vagy? [2]
c Sietsz? [1]
d Van Budapesten jó kávéház? [2]

> You might want to use the phrase **nem tudom** *I don't know*.

Reading and writing

1 Read Klára's email, which she sent to Bea, her friend and colleague, after a long morning at the office. Can you figure out the meaning of the following phrases?

a a büfében
b szendvics

Szia Bea!

Nagyon éhes és szomjas vagyok. Most szabad vagy? A büfében van pizza, hamburger és szendvics. És persze egy jó kávé! Jössz?

Klára

VOCABULARY

éhes *hungry*; **szomjas** *thirsty*; **szabad** *free*; **persze** *of course*; **Jössz?** [1] *Are you coming?*

2 Now write Bea's short response. She is very tired and hungry. She is pleased to hear from Klára and she wants to go. You might need the word: jövök *I'm coming.*

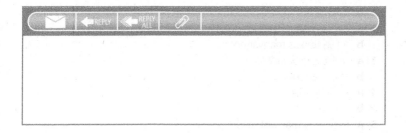

? Test yourself

Which is correct?

1 a Jill vagyok.
  b Vagyok Jill.
2 a Az Éva tipikus magyar női név.
  b A Éva tipikus magyar női név.
3 a Miért vagy fáradt?
  b Miért te fáradt vagy?
4 a Jim Kanadai.
  b Jim kanadai.
5 a Péter egy magyartanár.
  b Péter magyartanár.
6 a A Sára angol Sarah.
  b A Sára angolul Sarah.
7 a Hogy vagy? Köszönöm, jól vagyok.
  b Hogy vagy? Köszönöm, jó vagyok.
8 a Én is jól vagyok.
  b Én jól is vagyok.
9 a Sietsz? Nem, most szabad vagyok.
  b Sietsz? Igen, most szabad vagyok.
10 a Jössz? Persze, jössz.
  b Jössz? Jövök.

SELF CHECK

	I CAN . . .
○	. . . say *hello* and *goodbye*.
○	. . . introduce myself and others.
○	. . . ask how someone is.
○	. . . say how I am.
○	. . . say *I don't understand*.
○	. . . say *sorry*.
○	. . . ask someone to speak slower.

2 *Nagyon finom!*
It's delicious!

In this unit you will learn how to:
▶ *offer food and drink and accept and refuse such offers.*
▶ *thank people for their hospitality.*
▶ *say what languages you speak.*
▶ *express regret.*
▶ *express your opinion and ask about someone else's.*

CEFR (A1): *Can understand and use familiar everyday expressions.*

 # Hungarian hospitality

Hungarians are very hospitable people. In Hungary a **vendég** (*guest*) still comes first. Your host and hostess will make sure that you are perfectly comfortable and at ease while in their charge. This, however, often means filling their guests with food and drinks! So it is vital that you know how to accept or refuse such offers courteously. You will also need to learn how to praise the food and drink you have been given and say thank you for it as etiquette dictates.

Hungarians are a coffee drinking nation. You might be offered a cup at any time of the day whether you are feeling tired, **álmos** (*sleepy*) or just as a drink to share while chatting. This is why traditionally Hungarians meet at a café or a **cukrászda** (*patisserie* or *café*) for a coffee and a delicious **torta** (*cake*) or **sütemény** (*pastry*). **Tea** (*tea*) is also becoming popular. However, people in Hungary prefer **citromos tea** (*lemon tea*) to tea with milk.

Young people these days tend to frequent a **söröző** (*pub*) or a cheap and cheerful **étterem** (*restaurant*) when they want to meet up with their friends for a drink or a meal and a chat.

 Vendéglő is another word used for a cheap restaurant usually serving Hungarian specialities. Which word do you recognize from the text above hidden in it? In which of the following situations do you think Hungarians would use this word to mean *a customer* i.e. someone treated as a guest: in a shop, at the hairdresser's or at the post office?

Vocabulary builder

02.01 Look at the Hungarian words and phrases and complete the missing English expressions. Then listen and repeat focusing on the intonation.

OFFERING FOOD AND DRINK

Kérsz kávét? [2]	*Would you like some coffee?*
Kérsz teát? [2]	*Would you like some _____ ?*
Kérsz hamburgert? [2]	*Would you like a _____ ?*
Kérsz pizzát? [2]	*Would you like a _____ ?*
Kérsz sört? [1]	*_____ a beer?*
Kérsz kólát? [2]	*_____ a cola?*
Kérsz pálinkát? [2]	*_____ a **pálinka**? (strong Hungarian brandy)*
Kérsz szendvicset? [2]	*_____ a sandwich?*
Kérsz tortát? [2]	*_____ ?*
Kérsz süteményt? [2]	*_____ ?*

> No equivalents of the English words *a*, *an* and *some* are necessary in these Hungarian questions.

NEW EXPRESSIONS

Köszönöm, kérek.	*Yes, please. (lit. Thank you, I am asking for one.)*
Köszönöm, nem kérek.	*No, thank you. (lit. Thank you, I am not asking for one.)*
Most sok munka van.	*There's a lot of work at the moment.*
az irodában	*in the office*
tejjel	*with milk*
tej nélkül	*without milk*
cukorral	*with sugar*
cukor nélkül	*without sugar*
Tessék.	*Here you are.*
Köszönöm szépen.	*Thank you very much. (lit. Thank you beautifully.)*
Szívesen.	*Not at all. You are welcome.*

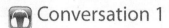 Conversation 1

02.02 *Juli has come to visit her friend Zsófi.*

1 Listen to their conversation. What kind of coffee would Juli like?

Juli	Szia Zsófi!
Zsófi	Szia Juli! Hogy vagy?
Juli	Kösz jól. Csak egy kicsit fáradt és álmos vagyok. Most sok munka van az irodában.
Zsófi	Kérsz egy kávét?
Juli	Köszönöm, kérek.
Zsófi	Tejjel és cukorral?
Juli	Tejjel, de cukor nélkül.
Zsófi	*(coming back with her coffee)* Tessék.
Juli	Köszönöm szépen.
Zsófi	Szívesen.
Juli	*(taking a sip)* Hm. Nagyon finom!
Zsófi	Van sütemény is. Kérsz?
Juli	Kösz, most nem kérek.

> **VOCABULARY**
>
> **most** *at the moment*; **cukor** *sugar*; **sok** *a lot of*; **de** *but*; **tej** *milk*
> **munka** *work*; **nélkül** *without*; **iroda** *office*; **finom** *tasty, delicious*;

2 Which phrases in the dialogue mean the following?
  a With milk and sugar?
  b With milk but without sugar.
  c There's also some pastry.
  d I don't want any now, thanks.

3 What do you think?
  a Why is Juli tired and sleepy?
  b Is Juli hungry as well?

 4 02.03 **Now listen to the conversation line by line and repeat it several times. Then listen to Zsófi's lines and respond as if you were Juli.**

# Language discovery

Read the conversation again and answer the questions.

1 **What are the Hungarian equivalents of these phrases?**
   a I am asking for (i.e. I would like, I want).
   b You are asking for (i.e. you would like, you want).
   c What is the common element in both these phrases?
   d How can you tell who we are talking about?

2 **Now find this phrase in Hungarian:**
   a Would you like a coffee?
   b What do you notice about the word **kávé** in this phrase?

Learn more 1

1 VERBS

You have already seen that Hungarian verbs have different endings.
These are attached to the stem of the verb (i.e. the simplest form of a verb
without any ending like **kér** *ask for* or **tud** *know*). The ending does not just
tell us who we are talking about but it also shows the time of the action
(i.e. whether it takes place in the present, past or future). This is called the
tense (e.g. *talked* past tense, *talks* present tense and *will talk* future tense).

2 PRESENT TENSE: STANDARD VERBS WITH SINGULAR FORMS

Back vowel verbs	Front vowel verbs
(én) tudok *I know*	**(én) kérek** *I ask for*
(te) tudsz *you know*	**(te) kérsz** *you ask for*
(ő) tud *he/she knows*	**(ő) kér** *he/she asks for*

Hungarian verbs are listed in dictionaries in their 3rd person singular form,
e.g. **tud** and **kér**. With most verbs this is the same as their stem.

There is only one present tense in Hungarian. So **kérek** can mean both *I
ask for* and *I am asking for*.

Please note: the forms **tudom** and **értem** are a different type of conjugation. Both
have an implied *it*, i.e. they mean *I know it. I understand it.* At this stage it is sufficient for
you to learn them as phrases.

In the case of the 1st person singular form (**én**) there are two endings: **-ok** and **-ek**. Because of the vowel harmony rule (see next section), back vowel verbs take **-ok** and front vowel verbs take **-ek**.

3 VOWEL HARMONY

There are two types of vowels in Hungarian: **back vowels** and **front vowels**. (Back vowels are formed at the back and front vowels are formed at the front of your mouth. Hence the name.)

Back vowels	**Front vowels**
a – á	e – é
o – ó	i – í
u – ú	ö – ő
ü – ű	

> An easy way to remember these is by learning two words: **autó** *car* and **teniszütő** *tennis racket*. **Autó** has three back vowels (**a**, **u**, **ó**). By adding the second half of each pair (i.e. **á**, **ú**, **o**) you get all the back vowels. **Teniszütő** has four front vowels (**e**, **i**, **ü**, **ő**). By supplying the second half of each pair (i.e. **é**, **í**, **ű**, **ö**) you get all the front vowels.

Hungarian words fall into two groups: back vowel words and front vowel words. Front vowel words only have front vowels, e.g. **kér**, **Péter**. Back vowel words have at least one back vowel, e.g. **tud**, **tea**.

To achieve vowel harmony front vowel words take front vowel endings and back vowel words, with a few exceptions, take back vowel endings.

> To improve your fluency always learn the conjugation of verbs by heart.

4 THE-T ENDING

This marks the object of a Hungarian sentence and it is called the accusative ending. Gramatically, the object is the person or thing that the action of the verb is directed at. (For example, in *I saw Tom*, and *I gave him an apple*, the words *Tom* and *apple* are the objects.) Certain verbs (e.g. **kér**) usually take an object and therefore require the use of the accusative ending, e.g. **Mit kérsz?** *What would you like?* **Egy teát kérek.** *I'd like a tea*. Note that the word **köszönöm** also requires the object ending. **Köszönöm a kávét.** *Thank you for the coffee.*

If a word ends in a vowel or certain consonants the **-t** comes directly after it, e.g. **kávé – kávét**, **sör – sört**. However, usually a linking vowel is used to join the **-t** ending to a word ending in a consonant, e.g. **szendvics – szendvicset**. The linking vowel is chosen according to the rule of vowel harmony.

Note that at the end of a word an **a** changes to **á** and an **e** to **é** before endings, e.g. **pizza – pizzát**, **csirke** chicken – **csirkét**.

The accusative form of words ending in a consonant is given in the Hungarian – English vocabulary.

5 NEGATION

Nem not comes before the word negated and together they make the focus of the sentence. So they have to be followed by the verb (unless the verb itself is negated).

Nem sört kérek, hanem kólát.	*I don't want beer but coke.*
Nem vagyok skót.	*I'm not Scottish.*

6 HANEM, DE *BUT*

Use **hanem** after a negative phrase when correcting it:

Tamás nem amerikai, hanem magyar.	*Tamás is not American but Hungarian.*

De can be used after either a negative or a positive phrase when adding more information:

Tamás nem amerikai, de jól tud angolul.	*Tamás is not American, but he knows English well.*
Tamás magyar, de jól tud angolul.	*Tamás is Hungarian but he knows English well.*

Practice 1

1 Complete the sentences using the correct verb forms.
  a Most nem (én) siet _____ .
  b Miért hamburgert (te) kér _____ ?
  c András jól tud _____ angolul? [2]
  d Klára és Bea a büfében beszélget _____ .
  e Náthás vagyok. Kér _____ egy citromos teát.

> With two or more singular subjects use the 3rd person singular form.

> **VOCABULARY**
> **náthás vagyok** I have a cold

2 Liz is a lazy student of Hungarian. She has mixed up some of the words. Can you sort them into front and back vowel words?

> szép   amerikai tipikus   kanadai
> Szeged   város nő   férfi
> beszélget   fáradt

3 Match the Hungarian sentences with the English ones.

a	Nem szendvicset kérek.	1	It's not in English that Kati and Paul are chatting.
b	Nem én kérek szendvicset.	2	It's not a sandwich that I want.
c	Nem angolul beszélget Kati és Paul.	3	It's not Kati and Paul who are chatting in English.
d	Nem Kati és Paul. beszélget angolul.	4	It's not me who wants a sandwich.

4 Put hanem and/or de in the sentences.
  a Anna nem szép, _____ intelligens.
  b Judit szép, _____ nem intelligens.
  c Nem pizzát, _____ gulyást kérek.
  d Jól vagyok, _____ egy kicsit fáradt vagyok.
  e Nem az Ubul, _____ az István szép magyar férfinév.

> **VOCABULARY**
> **intelligens** intelligent, **gulyás** goulash

Pronunciation

02.04 Repeat these sounds and words after the speaker.

ö – ü	u – ü
föl – fül	sut – süt
öt – üt	Ubul – üdül
bök – bükk	turul – fütyül
ő – ű	ú – ű
hő – hű	hús – hűs
hős – hűs	túr – tűr
tőr – tűr	szúr – szűr

Listening

02.05 Péter and Ádám meet for a drink and a quick chat before Péter heads back to the office for more work in the evening.

1 Why doesn't Péter want to drink beer?

2 Listen to their conversation and complete the missing words.

   a Péter   _____ kérsz?

   b Ádám   Egy jó ír _____! És te?

   c Péter   Én most csak egy _____ kérek.

   d Ádám   Citromos teát? Nem értem. _____ vagy?

   e Péter   *(with a chuckle)* Jól, csak _____ vagyok és sok munka van az irodában.

   f Ádám   Aha! Az más.

> **VOCABULARY**
> **az** *that*; **más** *different*

3 Now learn it and act it out from memory.

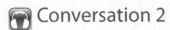 Conversation 2

02.06 *Kati has invited her friends to a party. After a brief chat she introduces Paul, her English friend to Erzsi.*

1 Listen to their conversation. What does Paul think of the Hungarian language?

Kati	Szia Paul! Hogy vagy?
Paul	Kösz, megvagyok.
Kati	Mit kérsz? Van sör, bor, pálinka.
Paul	Kösz. Most csak egy teát kérek. Ha lehet, tejjel.
Kati	*(with a little chuckle)* Tipikus angol vagy, Paul!

(Erzsi, Kati's friend has overheard the last few sentences and she has come to join them. Kati introduces Erzsi to Paul.)

Kati	Erzsi, Paul. Paul, Erzsi.
Erzsi	Nagy Erzsébet vagyok.
Paul	Paul Smith.
Erzsi	Te angol vagy? Nagyon jól beszélsz magyarul!
Paul	Én? Á, nem. Sajnos csak egy kicsit tudok magyarul, de tanulok.
Erzsi	Nehéz nyelv a magyar?
Paul	Igen, de szerintem érdekes és nagyon logikus. Te milyen nyelven tudsz?
Erzsi	Sajnos csak magyarul. Most tanulok olaszul. A barátom, Francesco olasz. Az olasz nagyon szép nyelv!

In Hungarian surnames precede first names. Foreign names keep their original sequence.

VOCABULARY

megvagyok *I am OK, not too bad*; **bor** *wine*; **ha** *if*; **lehet** *possible*; **beszél** *speak*; **sajnos** *unfortunately*; **tanul** *learn, study*; **nehéz** *difficult, hard*; **szerintem** *I think, in my opinion* (lit. *according to me*); **érdekes** *interesting*; **logikus** *logical*; **milyen?** *what kind of?, what sort of?*; **nyelv** *language*; **Milyen nyelven tudsz?** *What languages do you know* (lit. *On what kind of language do you know)?*; **olasz** *Italian*; **barát** *friend, boyfriend*; **a barátom** *my friend/boyfriend*

2 Read the conversation again and review the expressions. Then match the columns.

a Kösz, megvagyok.

b Van sör, bor, pálinka.

c Ha lehet, tejjel.

d Nagyon jól beszélsz magyarul!

e Sajnos csak egy kicsit tudok magyarul.

f Te milyen nyelven tudsz?

g Az olasz nagyon szép nyelv!

1 Italian is a very beautiful language.

2 You speak Hungarian very well.

3 What languages do you know?

4 There is beer, wine and pálinka.

5 If possible with milk.

6 Unfortunately I only know a little Hungarian.

7 I'm all right, thanks.

3 02.07 Now listen to the conversation and repeat it line by line several times. Then listen to Kati's and Erzsi's lines and respond as if you were Paul.

4 Read the conversation again and find the Hungarian translations of:

a I know Hungarian

b Is Hungarian a difficult language?

Learn more 2

1 THE -UL/-ÜL ENDING

Most Hungarian endings have two forms: one with a back and the other with a front vowel. When choosing which form to use apply vowel harmony, e.g. **magyarul** *in Hungarian*; **németül** *in German*.

Though this ending is translated as *in* the example there is no English equivalent. It is used when referring to languages with phrases such as:

tud angolul	*know English*
beszél magyarul	*speak Hungarian*
tanul németül	*learn German*

Note also the expression **Hogy van magyarul?** *How is it in Hungarian?*

2 A MAGYAR

When talking about a language use the definite article:

A magyar érdekes és logikus nyelv.	*Hungarian is an interesting and logical language.*

Practice 2

1 Join the -ul/-ül ending to the following words.

a német
b francia
c spanyol
d orosz
e lengyel
f kínai
g arab
h japán

2 Look at the information given. Then make up sentences like this:
Jól tudok angolul.

	ki?	hogy?	beszél	tud	tanul	nyelv
a	én	jól		✓		angol
b	te	elég jól	✓			olasz
c	ő	egy kicsit		✓		lengyel
d	József				✓	francia
e	Mari	csak egy kicsit	✓			kínai

3 Now give your own answers to these questions.

a Milyen nyelven beszélsz?
b Milyen nyelven tudsz nagyon jól?
c Milyen nyelven tanulsz?
d Hogy tudsz magyarul?
e Szerinted milyen nyelv a magyar?

? Test yourself

Which is correct?

1 a Kérsz egy sör?
   b Kérsz egy sört?
2 a Köszönöm, nem.
   b Nem köszönöm.
3 a Tej nélkül kérek teát.
   b Tejjel nélkül kérek teát.
4 a Cukorral kérek kávét, de tej nélkül.
   b Cukorral kérek kávét, hanem tej nélkül.
5 a Kérsz gulyást? Kérsz.
   b Kérsz gulyást? Kérek.
6 a Bocsánat, most sietek.
   b Bocsánat, most sietok.
7 a Nem hamburgert Mónika kér.
   b Nem hamburgert kér Mónika.
8 a Péter nagyon jól tud spanyolul.
   b Péter nagyon jól tud spanyol.
9 c Mi nyelven beszélsz?
   d Milyen nyelven beszélsz?
10 a Szerintem a kínai nem szép nyelv.
   b Szerintem kínai nem szép nyelv.

SELF CHECK	
I CAN ...	
●	. . . offer people some food and drink.
●	. . . say *yes please* and *no thank you*.
●	. . . praise the food or drink I was given.
●	. . . say *thank you for the coffee, tea,* etc.
●	. . . ask and state what languages people speak.
●	. . . express regret and opinion.

3 Milyen idő van?

What's the weather like?

In this unit you will learn how to:
▶ *talk about the weather.*
▶ *use some frequency words like* always, *etc.*
▶ *express your uncertainty.*

CEFR (A2): *Can handle very short social exchanges.*

Weather

Most Hungarians like to discuss meaty issues rather than spend a lengthy period of time chatting about topics like the weather. However, with climate change and global warming this is changing.

Only a few decades ago seasons had a predictable pattern: **ősz** (*autumn*) with its golden colours gradually turned into **tél** (*winter*) with lots of snow and often icy temperatures; **tavasz** (*spring*) came with a fresh breeze and showers and **nyár** (*summer*) was pleasantly warm. So the weather did not lend itself to much discussion. As the weather is becoming more extreme and unpredictable, people have started to talk about it more.

If you come from a cool, northern climate you will enjoy the glorious sunshine **nyáron** (*in the summer*) at Lake Balaton. You will find that Hungary's medicinal spas are open even **télen** (*in the winter*) and you will find lots to see in Budapest or some other beautiful town **ősszel** (*in the autumn*) or **tavasszal** (*in the spring*). On top of this there are many festivals, cultural, culinary and sporting events **egész évben** (*all the year round*).

Ősz can also mean *grey* when talking about someone's hair. What do you think is the link between autumn and someone being grey?

Vocabulary builder

03.01 **Look at the Hungarian words and phrases and complete the missing English expressions. Then listen and repeat. Make sure you pronounce every sound clearly and distinctly.**

THE MONTHS

január	_January_	július	_____
február	_____	augusztus	_____
március	_____	szeptember	_____
április	_____	október	_____
május	_____	november	_____
június	_____	december	_____

THE WEATHER

jó idő van	_the weather is _____
rossz idő van	_____ bad_
meleg van	_it's hot_
hideg van	_____cold_
köd van	_____foggy (lit. there is fog)_
esik az eső	_it's raining (lit. the rain is falling)_
esik a hó	_____snowing (lit. the snow is falling)_
süt a nap	_the sun is shining, it's sunny_
fúj a szél	_the wind is blowing, it's windy_

NEW EXPRESSIONS

Hogy vagytok?	_How are you? (pl. fam.)_
Kösz, megvagyunk.	_We are fine, thanks._
Hogy tetszik Debrecen?	_How do you like Debrecen?_
augusztusban	_in August_
a fürdőben	_at the spa_
a hideg vízben	_in the cold water_
kíváncsi vagyok	_I wonder (lit. I'm curious)_
jéggel	_with ice_
Egy pillanat!	_Just a moment!_
Rögtön jövök.	_I'll be back in a minute. (lit. I'm coming straight away.)_
Egészségünkre! (pron. egésségünkre)	_Cheers! (lit. to our health)_
egy kis magyar iskolában	_in a small Hungarian school_

Mi újság?	*How are things?* (lit. *What's the news?*)
a ködös Angliában	*in foggy England*
Nincs semmi különös.	*Nothing special.* (lit. *There's nothing unusual.*)

 Conversation 1

03.02 *Brian and Lizzy from London are in Debrecen for the first time. Having seen the sights they visit their Hungarian friend Dávid.*

1 Listen to their conversation. Where do Brian and Lizzy learn Hungarian?

Brian and Lizzy	Szia Dávid!
Dávid	Sziasztok! Hogy vagytok?
Brian	Kösz, megvagyunk.
Dávid	Hogy tetszik Debrecen?
Lizzy	Szép város, csak nagyon meleg van.
Dávid	Augusztusban mindig nagyon meleg van Debrecenben. Csak a fürdőben jó lenni a hideg vízben. Kértek egy jó hideg sört?
Brian	Igen. Kíváncsi vagyok, milyen a magyar sör.
Lizzy	Ha lehet, én egy kólát kérek jéggel.
Dávid	Egy pillanat! Rögtön jövök.
(Coming back with the drinks)	
	Tessék! Itt a sör és itt a kóla. Egészségünkre!
Brian and Lizzy	Egészségünkre!
Dávid	Jól tudtok magyarul. Hol tanultok?
Brian	Londonban, egy kis magyar iskolában.
Dávid	És mi újság a 'ködös Angliában'?
Brian	*(laughing)* Nincs semmi különös. Mindig esik az eső!

> **VOCABULARY**
>
> **mindig** *always;* **milyen?** *what is … like?;* **jég** *ice;* **rögtön** *straight away;* **hol?** *where?;* **kis** *little, small;* **iskola** *school*

2 Review these expressions in the conversation, then complete their English equivalents.

a Hogy tetszik Debrecen? _____ Debrecen?

b nagyon meleg van Debrecenben it's very _____ in Debrecen

c csak a fürdőben jó lenni	it's only nice _____
d Kértek egy jó hideg sört? (pl.fam.) [2]	Would you like _____?
e Kíváncsi vagyok, milyen a magyar sör.	_____ what Hungarian beer is like.
f én egy kólát kérek jéggel	I'd like a coke _____
g Jól tudtok magyarul.	You _____. (pl.fam.)
h Londonban, egy kis magyar iskolában.	In London _____.

3 What do you think?

a Why does Dávid offer a nice cold beer to Brian and Lizzy?

b How are things in 'foggy England'?

 4 03.03 **Now listen to the conversation line by line and repeat it several times. Then listen to Dávid's lines and respond as if you were both Brian and Lizzy.**

 # Language discovery

Read the conversation again and answer the questions.

1 What are the Hungarian equivalents of these phrases?

a you are asking for (pl. fam.)

b you know (pl. fam.)

c Can you now give the same form (i.e. *you* pl. fam.) for **beszél**?

2 Now find these phrases in Hungarian:

a in Debrecen

b in August

c What are the two forms of the Hungarian ending meaning *in*?

d How would you say *in Berlin* and *in January*?

Learn more 1

1 PRESENT TENSE: STANDARD VERBS WITH PLURAL ENDINGS

Back vowel verbs		Front vowel verbs	
(mi) tudunk	*we know*	**(mi) kérünk**	*we ask for*
(ti) tudtok	*you know*	**(ti) kértek**	*you ask for*
(ők) tudnak	*they know*	**(ők) kérnek**	*they ask for*

When choosing the right ending apply vowel harmony.

> When encountering a new verb always conjugate it.

2 THE -BAN/-BEN ENDING

This is the equivalent of the English preposition *in* and occasionally *at*. (Prepositions are words like *at, with, on,* etc.) Because of vowel harmony back vowel words take **-ban** and front vowel words take **-ben**. Note that the final **a** changes to **á**, and the final **e** to **é** before it, e.g. **Angliában** *in England*.

This ending is used when:

a   answering the question **hol?** *where?* with

▶ all foreign (i.e. non Hungarian) place names, e.g. **Londonban** *in London*

▶ some Hungarian place names, e.g. **Debrecenben** *in Debrecen*. Note these forms: **Budapesten** *in Budapest* and **Magyarországon** *in Hungary*.

▶ enclosed spaces i.e. when talking about being inside something: **iskolában** *at school*

b   answering the question **mikor?** *when?* with

▶ the names of the months, e.g. **augusztusban** *in August*.

Note the forms **októberben** *in October* and **novemberben** *in November*.

3 VAN   *IS*

This is the 3rd person singular form of the verb **lenni** *to be*. It is used:

a   when asking or stating how someone is, e.g. **Hogy van Ádám?** *How is Adam?* **Ádám jól van.** *Adam is well.*

b   when asking or stating where someone or something is, e.g. **Hol van Dávid?** *Where's David?* **Dávid az irodában van.** *David is at the office.*

c   when talking about the weather or the temperature of a place, e.g. **Szép idő van** *The weather is beautiful.*

d   as the Hungarian equivalent of there is, e.g. **Sok munka van az irodában** *There's lots of work in the office.*

e   when asking or stating when something is happening, e.g. **Decemberben van a pálinka fesztivál.** *The pálinka festival is in December.*

The negative of **van** is **nincs**, e.g. Luca **nincs jól.** *Luca is not well.* **Nincs meleg.** *It isn't hot.* Note the change in word order.

4 THE PLURAL FORMS OF LENNI *TO BE*

first person	**(mi) vagyunk**	*we are*
second person	**(ti) vagytok**	*you are*
third person	**(ők) vannak**	*they are*

This is an irregular verb as it does not follow the rules. You will need to learn all its forms by heart.

5 JÖN   *COME*

This too is an irregular verb. Here are its forms in the present tense:

(én) jövök	*I come*	**(mi) jövünk**	*we come*
(te) jössz	*you come*	**(ti) jöttök**	*you come*
(ő) jön	*he/she comes*	**(ők) jönnek**	*they come*

6 HOGY TETSZIK ...?   *HOW DO YOU LIKE ...?*

This phrase literally means *How does ... appeal?* Therefore the verb is mostly in the 3rd person.

Hogy tetszik Debrecen?   *How do you like Debrecen? (lit. How does Debrecen appeal?)*

When answering this question you can say:

Tetszik.   *I like it. (lit. It appeals.)*

Nagyon tetszik.   *I like it very much. (lit. It appeals very much.)*

Nem tetszik.   *I don't like it. (lit. It doesn't appeal.)*

Alternatively, you can describe the person, city, etc. you are asked about, e.g. **Szép város.** *It's a beautiful city.*

Practice 1

1 Complete the sentences using the correct verb forms.

a Mikor (ti) jön _____?

b Hol (ők) van _____?

c Az irodában sok munka van, nem (mi) tud _____ beszélgetni.

d Mit (ti) kér _____?

e Sajnos most (mi) siet _____.

f Egy tipikus magyar iskolában angolul, németül, franciául, spanyolul vagy olaszul tanul _____ a gyerekek.

g (Ti) beszél _____ lengyelül is? [2]

VOCABULARY

tud here means *can, be able to*; **beszélgetni** *to have a chat*; **gyerekek** *children*

---

2 Frank is American and he is touring Europe. Every now and then he rings his family to let them know where he is. Where is he? Complete these sentences to find out.

a Frank április _____ Párizs _____ van.

b Május _____ és június _____ Közép-Európa _____ van: Bécs _____ , Prága _____ és Budapest _____ .

c Július _____ , augusztus _____ , szeptember _____ és október _____ Berlin _____ tanul németül.

d November _____ nagyon fáradt. Debrecen _____ van és egész hónap _____ a fürdő _____ pihen.

VOCABULARY

Bécs *Vienna*; **egész** *whole, all*; **hónap** *month*; **pihen** *rest, have a rest*

---

3 Do you need the word *van* in these sentences? Help Liz; she is at a loss.

a Szerintem Sopron nagyon szép _____.

b Hogy _____ Kati?

c A Daniel magyarul Dániel _____.

d Nagyon hideg _____ itt!

e Brian most Magyarországon _____.

f Jakab orvos _____.

g Budapesten sok jó múzeum _____.

VOCABULARY

Jakab *James*; **orvos** *doctor*

34

h Januárban _____ a fesztivál. Vocabulary

i **Jakab** *James*; **orvos** *doctor*

4 **Marci is a mischievous four year old. He loves to be contradictory. How did he respond when he heard his parents say the following?**

a Szép idő van.

b A citrom a konyhában van.

c Sok jó film van most a moziban.

d Februárban van a koncert.

> The word **sok** *a lot of* takes the singular in Hungarian.

e István a fürdőben van. The word **sok** *a lot of* takes the singular in Hungarian.

VOCABULARY

citrom *lemon*; **konyha** *kitchen*; **mozi** *cinema*

---

5 **Lili is seven and this is her first essay on the seasons. Read it and then answer the questions that follow.**

[email toolbar: REPLY | REPLY ALL | attachment]

Magyarországon szép az ősz. Egy kicsit hideg van, de általában süt a nap. Novemberben gyakran fúj a szél és rossz idő van. Télen esik a hó és néha nagy hó van. Nagyon szeretek hóembert csinálni. A január és a február gyakran nagyon hideg hónap. Márciusban és áprilisban süt a nap és néha esik az eső. Tavasszal sok szép virág van a kertben. A nyár mindig nagyon szép. Nagyon jó a Balatonon lenni!

VOCABULARY

általában *usually*; **gyakran** *often*; **néha** *sometimes*; **szeret** *like*; **hóember** *snowman*; **csinál** *make*; **virág** *flower*; **kert** *garden*, **a Balatonon** *at Lake Balaton*

---

a Milyen idő van ősszel Magyarországon?

b Mit szeret Lili csinálni télen?

c Mi van tavasszal a kertben?

d Hol jó lenni nyáron?

 03.04 **Now listen to Lili's essay. Repeat each sentence several times after the speaker. Finally, say it all out loud from memory.**

Pronunciation

 03.05 Repeat these long vowels and consonants after the speakers.

sok – sók	hason – hasson
telit – telít	szed – szedd
örül – őrül	halom – hallom
zug – zúg	megye – meggye
tüzet – tűzet	perel – perrel

 # Listening

03.06 Laci is dropping in to see his friend, Imre. He finds him still in bed.

1 Why is Imre still in bed?

2 Listen to their conversation and complete the missing words.

   a Imre   Szia Laci!

   b Laci   Szia Imre! _____ még ágyban vagy?

   c Imre   Nagyon _____ vagyok.

   d Laci   Kérsz egy _____ _____ citromos teát?

   e Imre   Kösz, kérek. A _____ van tea és _____.

   f   Milyen _____ van kint? Nincs _____?

   g Laci   _____. Egy kicsit fúj a _____, de _____ a nap.

> **VOCABULARY**
>
> **még** *still*; **ágy** *bed*; **kint** *outside*

Conversation 2

Kate wants to go on holiday in Hungary with her friend Edit, who lives in Budapest. She can't decide whether she should go in the summer or in the winter.

1 Listen to their conversation. Why doesn't Kate like the idea of spending a whole day at a spa?

Kate	Szerinted mikor jó Magyarországon lenni?
Edit	Hm. Nehéz kérdés! Télen nagyon szép, amikor esik a hó. A Mátrában lehet síelni, ott általában nagy hó van.
Kate	Sajnos nem tudok síelni.
Edit	Akkor szerintem jobb egy fürdőben lenni. Nem baj, ha kint hideg van, mert a víz jó meleg. Egész nap ott lehetünk.
Kate	Bocs, de nem szeretek egész nap a vízben ülni. Unalmas.
Edit	Akkor jobb, ha tavasszal vagy nyáron jössz. Májusban, júniusban szép idő van és általában nincs túl meleg. Tudunk majd a városban sétálni. Budapesten sok látnivaló van. Lehet kirándulni is a Budai-hegyekben. Mit gondolsz?
Kate	Jó ötlet! Akkor talán májusban jövök.
Edit	A május mindig nagyon szép hónap. Sok virág van mindenhol. És májusban talán nincs sok turista.
Kate	Akkor vásárolok az interneten repülőjegyet. Jó?
Edit	Jó. Nagyon örülök, hogy tudsz jönni.

Mátra, in the north of the country, is Hungary's highest mountain.
The verbs **gondol** *think* and **vásárol** *buy* require the **-t** ending.

VOCABULARY

kérdés *question*; **amikor** *when*; **síel** *ski*; **jobb** *better*; **nem baj** *it doesn't matter*; **mert** *because*; **egész** *nap all day long*; **ott** *there*; **bocs** *sorry* (short for **bocsánat**); **szeret** *like*; **ül** *sit*; **unalmas** *boring*; **akkor** *then*; **túl** *too*; **tudunk** *majd sétálni we'll be able to walk*; **látnivaló** *things to see*; **kirándul** *go hiking*; **hegyek** *hills, mountains*; **ötlet** *idea*; **talán** *perhaps*; **mindenhol** *everywhere*; **turista** *tourist*; **az interneten** *on the internet*; **repülőjegy** *plane ticket*, **örül** *be glad, be pleased*; **hogy** *that*

2 Read the conversation again and review the following expressions. Then match the columns.

a	Nagyon szép, amikor esik a hó.	**1**	The water is nice and warm.
b	Nem tudok síelni.	**2**	It's not too hot.
c	A víz jó meleg.	**3**	There's lots to see in Budapest.
d	Egész nap ott lehetünk.	**4**	It's very beautiful when it's snowing.
e	Nincs túl meleg.	**5**	I'm very glad that you can come.
f	Budapesten sok látnivaló van.	**6**	We can be there all day long.
g	Nagyon örülök, hogy tudsz jönni.	**7**	I can't ski.

 03.08 **Listen to the conversation line by line and repeat it several times. Then listen to Edit's lines and respond as if you were Kate.**

3 Read the conversation again and find the Hungarian translation of:
   a I am glad.
   b I cannot ski.

Learn more 2

1 ÖRÜL *BE GLAD*

This is a standard front vowel verb, yet its conjugation is different from that of **kér**. This is due to the **ü** sound. Standard front vowel verbs whose final vowel is **ö**, **ő**, **ü** or **ű** conjugate like **örül**. This affects the 1st person singular (i.e. **én**) and the 2nd person plural (i.e. **ti**) forms.

(én) örülök	*I am glad*	**(mi) örülünk**	*we are glad*
(te) örülsz	*you are glad*	**(ti) örültök**	*you are glad*
(ő) örül	*he/she is glad*	**(ők) örülnek**	*they are glad*

2 THE INFINITIVE

This is the *to* from of the verb, e.g. *to ski*. The equivalent of *to* is the **-ni** ending in Hungarian. It is joined to the verb stem, e.g. **síelni**. Note the irregular infinitive **lenni** *to be*.

The infinitive is often used with conjugated verbs, e.g. **tudok síelni** *I can ski*.

3 AMIKOR *WHEN*

An **a** changes question words to so called 'relative pronouns'.

Télen nagyon szép, amikor esik a hó.	*It's very beautiful in the winter when it snows.*

 Practice 2

1 Can you conjugate the verb 'ül' *sit***?**

2 Now give your own answer to these questions.

    a Szerinted szép, amikor esik a hó? [2]

    b Tudsz síelni? [2]

    c Szeretsz egész nap egy fürdőben lenni? [2]

    d Szeretsz kirándulni? [2]

    e Hol vásárolsz repülőjegyet?

    f Örülsz, amikor jön a tavasz? [2]

    g Sétálsz majd Budapesten? [2]

❓ Test yourself

Which is correct?

1. a Októberban néha még süt a nap.
   b Októberben néha még süt a nap.
2. a Mindig beszélgettek.
   b Mindig beszélgettok.
3. a Magyarországon nyáron nagyon meleg van.
   b Magyarországban nyáron nagyon meleg van.
4. a Éva most az iskolában.
   b Éva most az iskolában van.
5. a Februárban általában nem van szép idő.
   b Februárban általában nincs szép idő.
6. Hogy tetszik Budapest?
   a Szerintem szép város.
   b Sok jó múzeum van Budapesten.
7. b Süt a nap, de fúj a szél.
   b Fúj a nap, de süt a szél.
8. a Kíváncsi vagy, milyen város Szeged?
   b Kíváncsi vagy, milyen van Kati?
9. a Örültek, hogy jöttök?
   b Örültök, hogy jöttök?
10. a Szerettek magyarul tanultok?
    b Szerettek magyarul tanulni?

I CAN ...

... talk about the weather.

... use words like *sometimes*, *often*, *always* and *usually*.

... express my uncertainty.

... talk about some future actions.

R1 *Review 1*

1 **Márta meets Chris at a party. Here are a few snippets of their conversation. Match Chris's questions with Márta's answers.**

   a Diák vagy? [2]

   b Kérsz kávét vagy teát? [2]

   c Finom a kávé? [2]

   d Milyen nyelven tudsz?

   e Hogy tudsz franciául?

   f Szerinted milyen nyelv a francia?

   g Hol szeretsz nyáron lenni?

   1 Elég jó, de sajnos egy kicsit hideg.

   2 Szerintem elég jól.

   3 Nem, tanár vagyok.

   4 Nagyon szép!

   5 Kösz, egy kávét kérek.

   6 Általában a Balatonon vagy Párizsban.

   7 Sajnos csak magyarul és franciául.

2 **You are in Hungary for a holiday. What would you say in the following situations?**

   a A Hungarian boy stops you in the street. You don't understand what he's saying. Tell him you are American and ask him if he speaks English.

   b You tread on someone's toes on a crowded bus.

   c You want to understand what a Hungarian friend is saying to you. Ask him to speak more slowly because you only speak a little Hungarian.

   d You have a chat with a young man you've met while seeing the sights of Szeged. He asks you how you like the city. Tell him that you like it very much but it's too hot and you are very tired and thirsty.

   e You visit your Hungarian friend. She offers you a cup of coffee. Tell her if possible you would like a nice cold beer or a coke with ice.

   f When she brings the beer say *Cheers*.

   g When you leave thank her for the beer.

3 Choose the correct word to complete each sentence.

a Nem vagyok _____.
b _____ kérsz?
c Nyáron a kertben sok szép _____ van.
d Télen, _____ kint hideg van, nagyon jó egy meleg citromos tea.
e Fúj a _____ és esik az eső. Most nem tudunk _____.
f _____, hogy jön a nyár?
g A kínai étteremben _____ gulyás.
h Budapest a magyar _____.
i Cukor _____ kérek teát.

4 Match the answers with the questions. Make sure you get your focus right!

a Németül beszélsz? [2]	**1** Nem én vagyok ausztrál, hanem Bruce.
b Beszélsz németül? [2]	**2** Nem ausztrál, hanem skót vagyok.
c Ausztrál vagy? [2]	**3** Nem németül, hanem angolul beszélek.
d Te vagy ausztrál? [2]	**4** Igen, beszélek.
e Sört vagy bort kérsz?	**5** Köszönöm kérek.
f Kérsz bort? [1]	**6** Bort kérek.

5 Complete these sentences by matching the beginnings with the endings.

a Pál nem angolul beszél,	**1** de majd tanul.
b Nem Pál beszél angolul,	**2** hanem spanyolul.
c Nem beszél Pál angolul,	**3** hanem Ákos.
d Nem a kávéházban kérek sört,	**4** hanem kávét.
e Nem kérek sört a kávéházban,	**5** hanem a sörözőben.
f Nem sört kérek a kávéházban,	**6** mert a kávéházban nincs sör.

6 Choose the correct meaning.

a Péter is Madridban van.
　　1 József is ott van.　　**2** Péter Madridban is van.
b Néha télen is esik az eső.
　　1 A hó is esik télen.　　**2** Ősszel is esik az eső.

c A kávéházban is van tea.

    1 A kávéházban van kávé is.   **2** A büfében is van tea.

d Kati is vásárol egy autót.

    1 Sári is vásárol egy autót.   **2** Kati autót is vásárol.

7 Dan is a bit dozy. He has left out the endings. Complete his sentences with the correct verb endings

a Tél_____ jó a Mátrában síelni.

b Március_____ általában Magyarország _____ vagyunk.

c Örül_____, hogy tetszik a film.

d Kösz, most nem kér _____ sütemény_____.

e Anglia_____ egész év_____ esik az eső.

f Budapest_____ sok jó múzeum van.

8 Which season is missing?

ősznyártél

9 Which word is the odd one out?

    a cukor, tej, gulyás, citrom, pizza, hóember

    b eső, hó, szél, fürdő, nap, köd

    c néha, mindig, gyakran, egész évben, üzletember, márciusban, tavasszal

4 Egy egyágyas szobát szeretnék

I would like a single room, please

In this unit you will learn how to:
- ▶ *book a room.*
- ▶ *spell your name.*
- ▶ *take a taxi.*
- ▶ *express hope.*

CEFR (A2): *Can exchange relevant information.*

Accommodation

There is a wide range of accommodation available in Hungary to suit all needs and budgets. You can go to a **luxus hotel** (*luxury hotel*) if you have refined tastes. In an **5 csillagos szálloda** (*5 star hotel*) you will have facilities like **ingyenes WIFI** (pron. vifi) (*WIFI*) free of charge, **szobaszerviz** (*room service*), **légkondicionálás** (*air-conditioning*), **úszómedence** (*a pool*), **magyar és nemzeközi konyha** (*Hungarian and international cuisine*), etc.

A **panzió** (*pension/guest house*) would be the right place for those who prefer cosier and more affordable accommodation. Here you can have a room with a **fürdőszoba** (*bathroom*). **Reggeli** (*breakfast*) is usually provided.

Quite a few people offer a **lakás** (*flat*) or even a **ház** (*house*) for rent. They usually advertise through online letting agencies. These are always self-catering.

For those on a tight budget a **kemping** (*campsite*) would be the best option.

 Can you work out the Hungarian word for *room* from the text?

Vocabulary builder

04.01 Look at the Hungarian words and phrases and complete the missing English expressions. Then listen and repeat. Make sure that you stress the first syllable of each word.

HOTEL FACILITIES AND SERVICES

recepció	*reception*
recepciós	*receptionist*
fitneszközpont	*fitness centre*
wellnessközpont	*wellness _____*
termálfürdő	*thermal _____*
szépségszalon	*_____ salon*
büféreggeli	*_____*
reptéri transzfer	*_____ to the airport*
apartman	*_____*
egyágyas szoba	*single room*
kétágyas szoba	*_____*

THE DAYS OF THE WEEK

hétfő	*Monday*	péntek	*Friday*
kedd	*Tuesday*	szombat	*Saturday*
szerda	*Wednesday*	vasárnap	*Sunday*
csütörtök	*Thursday*		

NEW EXPRESSIONS

Jó napot kívánok!	*Good morning/afternoon* (lit. *I wish a good day*)
szeretnék	*I would like*
Hány éjszakára?	*For how many nights?*
a szálloda mellett	*next to the hotel*
Mennyibe kerül?	*How much does it cost?*
az árban benne van	*the price includes* (lit. *in the price there's in it*)
Jó lesz?	*Will it be fine? Will it do?* (lit. *Will it be good?*)
Szabad a nevét?	*May I have your name?*
a keresztnevem	*my first name*
a vezetéknevem	*my surname*

bé mint Barbara	*B for Barbara*
Még nem voltam Budapesten.	*I haven't been to Budapest yet. (lit. I wasn't in Budapest yet.)*
Hitelkártyával fizet, ugye?	*You're paying with a credit card, aren't you?*

Conversation 1

04.02 *Mr Bean is on a business trip to Budapest. He is checking in at the Gellért Hotel.*

1 Listen to the conversation. What room facilities does Mr Bean enquire about?

Recepciós	Jó napot kívánok!
Bean úr	Jó napot! Egy egyágyas szobát szeretnék.
Recepciós	Hány éjszakára?
Bean úr	Három: hétfő, kedd és szerda éjszakára.
Recepciós	Egy pillanat! *(looking at his computer)* Igen, van szabad szoba.
Bean úr	Van légkondicionálás és WIFI a szobában? Nagyon meleg van.
Recepciós	Igen, és a WIFI ingyenes.
Bean úr	Nagyon jó. Úszómedence és masszázs van a hotelben?
Recepciós	Nincs, de a szálloda mellett van a híres Gellért fürdő. Tessék, itt egy fotó.
Bean úr	Nagyon szép! Mennyibe kerül a szoba egy éjszakára?
Recepciós	19000 forintba. Az árban benne van a reggeli is. Jó lesz?
Bean úr	Jó.
Recepciós	Szabad a nevét?
Bean úr	A keresztnevem Joseph, magyarul József. A vezetéknevem pedig bé mint Barbara, e mint Eszter, a mint Anna és en mint Nóra.
Recpciós	Bean! Mint a híres angol komikus. Ön is angol?
Bean úr	Nem, én amerikai vagyok. Még nem voltam Budapesten. Üzletember vagyok.
Recepciós	Értem. Tessék, itt a kulcs. Remélem, tetszik majd a város. Hitelkártyával fizet, ugye?
Bean úr	Igen. *(handing him his credit card)* Tessék, itt van!

VOCABULARY

pedig *and, on the other hand*; **híres** *famous*; **mint** *like*; **komikus** *comedian*; **kulcs** *key*
forint *forint* abbrevieted as **Ft** is the Hungarian currency; 19,000 is read out as
tizenkilencezer.

2 Read the conversation again and match the questions and the answers.

a Hány éjszakára?
b Hitelkártyával fizet, ugye?
c Mennyibe kerül a szoba egy éjszakára?
d Ön is angol? [2]
e Jó lesz?[1]
f Van légkondicionálás és WIFI a szobában? [2]

1 Nem, én amerikai vagyok.
2 Igen. Tessék, itt van.
3 Három: hétfő, kedd és szerda éjszakára.
4 Igen, és a WIFI ingyenes.
5 19000 forintba.
6 Jó.

3 What do you think?

a Why is it no problem that there's no pool in the hotel?
b Is this Mr Bean's first visit to Budapest?

 4 04.03 Now listen to the conversation line by line and repeat it. Then listen to the receptionist's lines and respond as if you were Mr Bean.

 Language discovery

Read the conversation again and answer the questions.

1 What are the Hungarian equivalents of these phrases?

a Are you also English?
b You're paying with a credit card.
c The receptionist addresses Mr Bean formally. What word does he use for *you* and what form of the verb is **fizet**?

2 Now find these phrases in Hungarian.

a I haven't been to Budapest yet.
b How would you say I haven't been to London yet?

Learn more 1

1 THE INFORMAL AND FORMAL ADDRESSES

In Units 1–3 you have encountered the informal address i.e. when addressing people with **te** *you* (sing. fam.) and **ti** *you* (pl. fam). This form of address is used when speaking to family, friends, colleagues and children. It is widespread among young people. The second person singular and plural forms of verbs are used e.g. **beszélsz** *you speak* (sing. fam.), **beszéltek** *you speak* (pl. fam.). When greeting or saying goodbye to someone in an informal situation use **Szia!** (sing. fam.) and **Sziasztok!** (pl. fam.).

The formal address Is used in formal and official situations among adults whose relationship is not close or who don't know each other at all. For *you* you can either use **maga** (sing. form.) and **maguk** (pl. form.) or the very courteous and more official sounding **ön** (sing. form.) and **önök** (pl. form.). When addressing someone formally use the third person singular or plural forms of verbs e.g. **beszél** *you speak* (sing. form.) **beszélnek** *you speak* (pl. form). To greet and say goodbye to people addressed formally use:

Jó reggelt (kívánok)!	*Good morning* (up to about 9 a.m.)
Jó napot (kívánok)!	*Good morning/afternoon* (between about 9 a.m. and 7 p.m.)
Jó estét (kívánok)!	*Good evening* (after about 7 p.m.)
Viszontlátásra!/Viszlát! (less formal)	*Goodbye* (throughout the day)
Jó éjszakát!	*Good night* (before going to bed)

Note that you can drop the word **kívánok** *I wish* and just say **Jó reggelt!**, etc.

The title **úr** *Mr* is used for a man in this address. The equivalent of *Miss* is archaic and that of *Ms* has never existed in Hungarian. A woman can be addressed with her first name e.g. **Hogy van, Kati?** *How are you Kati?* Alternatively, if she is married the ending **né** *Mrs* might be attached to her husband's surname e.g. **Kér kávét, Kisné?** *Would you like a coffee Mrs Kis?*

Not all married women choose to use their husband's surnames. For example, if **Szabó Anikó** marries **Kovács Béla** she can decide whether her name after marriage is **Kovács Béláné** or **Szabó Anikó** or **Kovácsné Szabó Anikó** or **Kovács Anikó**.

2 SOME POSSESSIVE FORMS

The singular possessive forms of the word **név** *name* are **a nevem** *my name*; **a neved** *your name*; **a neve** *his/her name*.

Note that the second person form is used in the informal and the third person form is used in the formal address:

Mi a neved?   *What's your name?* (sing. fam.)

Mi a neve?   *What's your name?* (sing. form.)

The singular possessive forms of words are given in brackets in the Hungarian–English vocabulary.

3 THE PAST TENSE FORMS OF LENNI *TO BE*

(én) voltam	I was	(mi) voltunk	we were
(te) voltál	you were	(ti) voltatok	you were
(ő) volt	he/she was	(ők) voltak	they were

4 MÁR *ALREADY, BEFORE* MÉG NEM *NOT YET*

There are only three tenses in Hungarian: past, present and future. (English has 12!) Everything that is happening right now is expressed with the present tense.

Tudok egy kicsit magyarul.   *I know a little Hungarian.*

The past is viewed as a closed period of time. Actions and events that happened or did not happen before the present moment are expressed with the past tense.

Márciusban Madridban voltam.   *I was in Madrid in March.*

Likewise, anything that is to happen after the present moment is expressed with the future tense or the present tense with a time expression if it is not clear from the context that a future action is meant.

Majd jövök.   *I will come.*

To express if someone has done soemething or if something has happened Hungarian uses the past tense.

Voltál már Sopronban?   *Have you been to Sopron before?*

Még nem voltam Egerben.   *I haven't been to Eger yet.*

Note that **már** *already, before* is used in positive questions and statements (i.e. without any negation).

Voltál már Debrecenben?   *Have you been to Debrecen before?*

Már voltam Magyarországon.   *I have been to Hungary.*

5 THE FUTURE TENSE FORMS OF LENNI *TO BE*

(én) leszek	I will be	(mi) leszünk	we will be
(te) leszel	you will be	(ti) lesztek	you will be
(ő) lesz	he/she will be	(ők) lesznek	they will be

6 THE QUESTION TAG 'UGYE'

This is used to turn a statement into a question. **Ugye** has only one form and it can come after any statement.

Szép idő van, ugye?   *The weather is nice, isn't it?*

Volt már Párizsban, ugye?   *You've been to Paris, haven't you?*

7 SPELLING ONE'S NAME

When spelling your name you pronounce each letter (see the alphabet in the Pronunciation section) and give a Hungarian first name with each one of them. This name can vary but here are some Hungarian first names for each letter of the English alphabet.

a	**Anna**	*Ann*	i	**Ilona**	*Helen*
b	**Béla**	*(m)*	j	**Júlia**	*Julia*
c	**Cecília**	*Cecilia*	k	**Katalin**	*Catherine*
d	**Dávid**	*David*	l	**Lajos**	*Louis*
e	**Erzsi**	*Liz*	m	**Mihály**	*Michael*
f	**Ferenc**	*Francis*	n	**Nóra**	*Norah*
g	**Géza**	*(m)*	o	**Olga**	*Olga*
h	**Helga**	*Helga*	p	**Péter**	*Peter*
r	**Róbert**	*Robert*	u	**Ubul**	*(m)*
s	**Sára**	*Sarah*	v	**Virág**	*Flora*
t	**Tibor**	*(m)*	z	**Zoltán**	*(m)*

For **w** just say **duplavé**, for **x iksz** and for **y ipszilon**.

8 NUMBERS (1–10)

These answer the questions **Hány?** *How many?* and **Mennyi?** *How much?*

egy	*one*	**hat**	*six*
kettő or **két**	*two*	**hét**	*seven*
három	*three*	**nyolc**	*eight*

négy	four	**kilenc**	nine
öt	five	**tíz**	ten

Note that *two* is **két** or **kettő** when followed by another word (i.e. when saying two of something) e.g. **két férfi** or **kettő férfi** *two men*. When used like this **két** is more common. However, only **kettő** can be used on its own. E.g. **Hány ágy van a szobában?** *How many beds are there in the room?* **Kettő.** *Two.*

After numbers and words expressing quantity Hungarian uses singular forms e.g. **három éjszaka** *three nights*, **sok autó** *lots of cars*.

Practice 1

1 **Put these questions in the formal address.**

  a Hogy vagytok?
  b Mi a vezetékneved?
  c Hol voltál?
  d Siettek? [2]
  e Milyen nyelven tudsz?
  f Miért tanultok magyarul?
  g Hány szendvicset kérsz?

2 **Gáspár is a well travelled young man. Make up full sentences about where he has or hasn't been and what he thinks of these places. The first one is done for you.**

  a Gáspár már volt Rómában. Szerinte nagyon érdekes város.

város/ország	már volt	még nem volt	mit gondol?
a Róma	✓		nagyon érdekes
b Amerika	✓		gazdag
c Kína	✓		egzotikus
d Párizs	✓		romantikus
e Pakisztán	✓		szegény
f Eger		✓	

> **VOCABULARY**
>
> **szerinte** *he/she thinks*; **ország** *country*; **gazdag** *rich*; **szegény** *poor*

3 **Dóra is an insecure girl. She keeps asking for reassurance by turning statements into questions. What did she say?**

  a Októberben Prágában leszel.
  b Lajos orvos.
  c Kér kávét.
  d Most nem sietnek.

4 **Six-year-old Bence likes riddles and tricky questions. Can you answer him?**

  a Ha ma kedd van, milyen nap volt tegnap?
  b Ha ma szerda van, milyen nap lesz holnap?
  c Ha tegnap szombat volt, milyen nap volt tegnapelőtt?
  d Ha tegnapelőtt vasárnap volt, milyen nap lesz holnapután?

5 **You and a friend are checking in at the Gellért Hotel. While queueing you pick up a leaflet and these words catch your eye:**

> **szauna, szolárium, széf, szuvenír, parkoló, terasz, panoráma, minibár, kábel TV, masszázs**

You like the sound of it. Fill in your part of the conversation with the receptionist and then act it out.

Recepciós	Jó reggelt kívánok!
You	**a** *Greet him and tell him that you want two single rooms.*
Recepciós	Hány éjszakára?
You	**b** *Tell him that you want them for two nights. Ask how much a room costs for a night.*
Recepciós	19.000 forintba.
You	**c** *Ask if the price includes breakfast.*
Recepciós	Igen, a büféreggeli is benne van.
You	**d** *Ask if the hotel has a fitness centre and sauna.*
Recepciós	Nincs, de itt van a híres Gellért Hotel. Ott van minden: uszómedence, masszázs, szauna és szolárium is.
You	**e** *Ask him if the rooms have cable television and free WIFI.*
Recepciós	Igen, és minden szobában van minibár is.
You	**f** *Tell him that it'll be fine and that you'd like to pay with a credit card.*

4 *Egy egyágyas szobát szeretnék I would like a singleroom, please*   55

 Listening

04.04 *Jim is renting a small flat in Budapest. He has just arrived.*

1 **What is Mammut?**

2 **Listen to Jim's conversation with Mr Nagy the owner of the flat and complete the missing words.**

  a Jim   Hol _____ itt parkolni?
  b Nagy úr   A parkoló az étterem _____ van.
  c Jim   Közel van a város _____?
  d Nagy úr   Igen, csak _____ perc autóval.
  e Jim   Hol tudok szuvenírt _____?
  f Nagy úr   A Mammutban.
  g Jim   _____. Hol?
  h Nagy úr   A Mammutban. Ez egy nagy üzlet _____ a közelben.

> **VOCABULARY**
>
> **közel** *near*; **perc** *minute*; **autóval** *by car*; **ez** *this*; **üzletközpont** *shopping centre*; **a közelben** *nearby*

Conversation 2

04.05 *After a long day of business meetings Mr Bean is going out in the evening. He is taking a taxi.*

1 Listen to his conversation with the taxi driver. Why doesn't Mr Bean know if he likes Budapest?

Bean úr	Szabad a taxi?
Taxis	Igen, tessék. Hová parancsol?
Bean úr	Az Operába, legyen szíves.
Taxis	Mi megy ma este?
Bean úr	Az Aida. Remélem, jó lesz.
Taxis	Maga nem magyar, ugye?
Bean úr	Nem, amerikai vagyok. Most vagyok először Budapesten.
Taxis	És hogy tetszik?
Bean úr	Nem is tudom. Egész nap egy irodában voltam. Üzletember vagyok.
Taxis	Értem. A Gellért jó hotel, ugye?
Bean úr	Igen, tetszik. Jó az étterem és a Gellért fürdő fantasztikus!
Taxis	Jól beszél magyarul!
Bean úr	Köszönöm. Milyen híd ez?
Taxis	Ez? A Lánchíd.
Bean úr	Nagyon szép. Régi?
Taxis	Igen, ez volt az első híd Pest és Buda között. Már itt is vagyunk.
Bean úr	*(handing the taxi driver the fare with his tip)* Köszönöm.
Taxis	Én köszönöm.Viszontlátásra!
Bean úr	Viszlát!

> When paying, only say **köszönöm** if you don't want any change back. Otherwise say **tessék** *here you are.*

VOCABULARY

Hová parancsol? *Where would you like to go?*; **Mi megy?** *What's on?* (lit. *What's going?*); **először** *for the first time*; **Nem is tudom.** *I don't really know*; **híd** *bridge*; **Lánchíd** *Chain Bridge*; **régi** *old*; **első** *first*; **Pest és Buda között** *between Pest and Buda*; **Már itt is vagyunk.** *Here we are already.*

2 Read the conversation again and find the expressions that mean:
   a Is the taxi available?
   b To the Opera, please.
   c What's on tonight?
   d This is my first time in Budapest.
   e What bridge is this?

3 04.06 **Listen to the conversation line by line and repeat. Then listen to the taxi driver's lines and respond as if you were Mr Bean.**

4 Read the conversation again and find the Hungarian translations of:
   a to the Opera
   b please
   c Where would you like to go?

Learn more 2

1 THE -BA/-BE *TO, INTO* **ENDING**

This ending is used with the same group of words that take the **-ban/-ben** ending in answer to the question **Hol?** *Where?* Back vowel words take **-ba** and front vowel words take **-be**. As usual, the final **a** changes to **á**, and the final **e** to **é** before it. For example, **iskolába** *to school*, **Debrecenbe** *to Debrecen*, **Prágába** *to Prague*, **Velencébe** *to Venice*.

The questions **Hova?** and **Hová?** *Where to?* are interchangeable.

Note that the words **Budapest** and **Magyarország** take different endings (**-ra/-re**).

Duncan áprilisban jön Budapestre.	*Duncan is coming to Budapest in April.*
Mi is jövünk Magyarországra.	*We are also coming to Hungary.*

2 MENNYIBE KERÜL? *HOW MUCH DOES IT COST?*

Note that in this question the **-ba/-be** ending is required by the word **kerül** *cost*.

A szoba 19000 Ft-ba kerül egy éjszakára.	*The room costs 19,000 Fts for a night.*

3 LEGYEN SZÍVES *PLEASE*

This is used in the formal address when talking to one person. (Literally it means *be so kind*.)

Both **légy szíves** (sing. fam.) and **legyen szíves** (sing. form.) are only used when asking someone to do something for you. Do not use them when stating your own wish, intentions, etc.

Az Operába, legyen szíves.   *To the Opera, please.*

Egy egyágyas szobát szeretnék.   *I'd like a single room, please.*

4 THE WORD PARANCSOL *COMMAND, ORDER*

This is often used by people providing some kind of service for someone.

Hova parancsol?   *Where would you like to go?*

5 SZABAD? *ALLOWED, FREE, MAY I?*

You can use this word in a number of situations:

a to find out if something is available e.g. **Szabad a taxi?** [2] *Is the taxi free?*

b to get past someone in a crowded place: **Szabad?** [1] *Can I get past?*

c to ask if you can sit next to someone: **Szabad?** [1] *Do you mind if I sit here?*

d to ask if you can come in: **Szabad?** [1] *Can I come in?*

e to ask if someone is free e.g. **Szabad ma este?** [2] *Are you free tonight?*

f to ask if something is allowed e.g. **Szabad itt parkolni?** *Can one park here?* or to state that something is not allowed e.g. **Itt nem szabad parkolni.** *Parking is not allowed here.*

Note that in a–d a positive response would usually be **Tessék**.

6 MEGY *GO*

This is an irregular verb. Here is its conjugation in the present tense:

(én) megyek	*I go*	**(mi) megyünk**	*we go*
(te) mész	*you go*	**(ti) mentek**	*you go*
(ő) megy	*he/she goes*	**(ők) mennek**	*they go*

Note the infinitive: **menni** *to go*.

Practice 2

1 **Fred is a globetrotter. Look at the table and make up full sentences about where he goes and why.**

város/ország	**miért?**
a Velence	nagyon romantikus
b Franciaország	minden francia bor finom
c Ausztrália	még nem volt
d India	nagyon egzotikus
e Budapest	tanul magyarul

2 **Now give your own answer to these questions.**
 a Hová megy nyáron pihenni?
 b Volt már 5 csillagos szállodában? [2]
 c Szabad a nevét? [2]
 d Gyakran fizet hitelkártyával? [2]
 e Van az irodában légkondicionálás? [2]

? Test yourself

Which is correct?

1
  a Ha tegnap csütörtök volt, holnap szombat lesz.
  b Ha ma szerda van, tegnapelőtt vasárnap volt.

2
  a Jó napot, Kisné! Kér egy kávét?
  b Jó napot, Kisné! Kérsz egy kávét?

3
  a Szia Nóra! Hogy van?
  b Szia Nóra! Hogy vagy?

4
  a Az árban benne van a reggeli is?
  b Az árba benne van a reggeli is?

5
  a Az étteremben mentek?
  b Az étterembe mennek?

6
  a Már nem voltunk Indiában.
  b Még nem voltunk Indiában.

7
  a A 'Long' lé mint Lajos, o mint Olga, en mint Nóra és gé mint Géza.
  b A 'Long' el mint Lajos, o mint Olga, en mint Nóra és gé mint Géza.

8
  a Egy egyágyas szoba szeretnék.
  b Egy kétágyas szobát szeretnék.

9
  a A szoba 19000 Ft kerül egy éjszakára.
  b A szoba 19000 Ft-ba kerül egy éjszakára.

10
  a Voltál még Rómában?
  b Voltál már Rómában?

SELF CHECK

	I CAN . . .
○	. . . book a room.
○	. . . spell my name.
○	. . . take a taxi.
○	. . . express hope.

5

Az étlapot, legyen szíves

Can I have the menu, please?

In this unit you will learn how to:
▶ *order basic food and drinks.*
▶ *count up to 100.*
▶ *tell the time.*
▶ *express your preference.*

CEFR (A2): *Can order a meal; can make arrangements to meet.*

 Hungarian cuisine

This boasts of a number of delicious dishes. Hungarians love their food and there is always plenty of it. Most meals start with a **leves** (*soup*). The second course is usually some **húsétel** (*meat dish*) – often **sertéshús** (*pork*) or perhaps **marhahús** (*beef*). This is followed by some **desszert** (*dessert*) and a coffee. Hungarians like their food spicy. The characteristic ingredient of a Hungarian **étel** (*dish*) is **pirospaprika** (*ground red paprika*).

Reggeli (*breakfast*) is usually **kenyér** (*bread*) and **sajt** (*cheese*), **sonka** (*ham*), **szalámi** (*salami*) or **tojás** (*egg*). This is when most Hungarians have their first cup of coffee. **Ebéd** (*lunch*) is the main meal of the day and is either at some cheap eatery or a canteen at the workplace. Traditionally, **vacsora** (*supper*) is a hot meal again. However, these days most women work and the family usually have something cold for supper.

The main meal of the week is **vasárnapi ebéd** (*Sunday lunch*) when most families are together. If you are invited to such a meal take a bunch of flowers for your hostess and an **üveg bor** (*a bottle of wine*) for your host.

 Can you work out the Hungarian word for *meat* from the text?

Vocabulary builder

05.01 Look at the Hungarian words and phrases and complete the missing English expressions. Then listen and repeat.

FOOD

gulyásleves	_____ soup
gyümölcsleves	cold fruit _____
Jókai bableves	bean _____ Jókai style
zöldségleves	vegetable _____
gombaleves	mushroom _____
húsleves	_____
paprikás csirke	_____ chicken
marhapörkölt	_____ stew
sertéspörkölt	_____
rántott hal	fish fried in breadcrumbs
saláta	salad

DRINKS

vörös bor	red _____
fehér bor	white _____
pezsgő	champagne
koktél	_____
ásványvíz	mineral _____
üdítő	soft drink
narancslé	orange juice
almalé	apple _____

NEW EXPRESSIONS

asztal két személyre	a table for two people (lit. persons)
Két étlapot, legyen szíves.	Two menus, please.
valami tipikus magyar étel	some typical Hungarian dish
Milyen leves van?	What soup have you got? (lit. What soup is there?)
Itt gulyáslevest kell enni.	One must eat goulash here.
magyar specialitás	Hungarian speciality
rendben	all right
szerencsére	luckily
először	first
utána	afterwards

És inni mit parancsolnak?	*And what would you like to drink?*
egy pohár vörös bort kérek	*I want a glass of red wine, please*
Jó étvágyat kívánok!	*Bon appétit! (lit. I wish a good appetite.)*
holnap reggel 8.30-kor	*at 8.30 tomorrow morning*

Conversation 1

05.02 *On Tuesday evening Mr Bean is taken out to dinner by his Hungarian colleague Mrs Veres. They enter Gulyás csárda.*

1 Listen to the conversation. What soup does Mr Bean want?

Pincér	Jó estét kívánok!
Veresné	Jó estét! Az ablak mellett legyen szíves egy asztalt két személyre.
Pincér	Tessék, ez itt jó lesz?
Veresné	Igen, köszönöm. Két étlapot, legyen szíves. *(turning to Mr Bean)* Mit kér, Bean úr?
Bean úr	Nem is tudom. Valami tipikus magyar ételt. Milyen leves van?
Veresné	*(reading the menu)* Gulyásleves, hideg gyümölcsleves, gombaleves és Jókai bableves.
Bean úr	Itt gulyáslevest kell enni. Igaz?
Veresné	*(with a chuckle)* Igaz. A Gulyás csárdában tudnak gulyást főzni. És utána mit kér? A paprikás csirke híres magyar specialitás.
Bean úr	Rendben, szerencsére nem vagyok vegetáriánus!
Veresné	Pincér, legyen szíves!
Pincér	Igen. Tessék parancsolni!
Veresné	Először egy gulyáslevest kér az úr, én pedig egy hideg gyümölcslevest. Utána pedig két paprikás csirkét, legyen szíves.
Pincér	És inni mit parancsolnak?
Bean úr	Én egy pohár vörös bort kérek.
Veresné	Én pedig egy pohár fehér bort.
Pincér	*(having brought the soups)* Tessék parancsolni. Jó étvágyat kívánok!
Bean úr	*(after the meal)* Köszönöm a vacsorát. Nagyon finom volt. Akkor holnap reggel 8.30-kor találkozunk az irodában.

2 Igaz vagy nem igaz? True or false? Correct the false statements.
   a Most este van.
   b Az ablak mellett nincs szabad asztal.
   c Veresné egy étlapot kér.
   d Veresné szerint a Gulyás csárdában jó a gulyás.
   e Bean úr és Veresné először levest eszik, utána pedig pörköltet.

3 What do you think?
   a Is Mr Bean a vegetarian?
   b What drinks are they having?

 4 05.03 Now listen to the conversation line by line and repeat it. Then listen to Mr Bean's and the waiter's lines and respond as if you were Mrs Veres.

💡 Language discovery

Read the conversation again and answer the questions.

1 What are the Hungarian equivalents of these phrases?
   a to cook; we meet
   b at 8.30

2 Now find the following in Hungarian:
   a Some typical Hungarian dish.
   b Why do you think the -t ending is used here?

Learn more 1

1 SIBILANT VERBS

These end in a sibilant i.e. **s**, **sz**, **z** or **dz**. This is how they conjugate:

Back vowel verbs			
(én) olvasok	*I read*	**(mi) olvasunk**	*we read*
(te) olvasol	*you read*	**(ti) olvastok**	*you read*
(ő) olvas	*he/she reads*	**(ők) olvasnak**	*they read*

Front vowel verbs			
(én) nézek	*I watch*	**(mi) nézünk**	*we watch*
(te) nézel	*you watch*	**(ti) néztek**	*you watch*
(ő) néz	*he/she watches*	**(ők) néznek**	*they watch*

Front vowel verbs with ö, ő, ü or ű as their final vowel			
(én) főzök	*I cook*	**(mi) főzünk**	*we cook*
(te) főzöl	*you cook*	**(ti) főztök**	*you cook*
(ő) főz	*he/she cooks*	**(ők) főznek**	*they cook*

Note that the second person singular form is different from that of standard verbs.

2 THE -IK VERBS

The third person singular form of these ends in **-ik** e.g. **lakik** *live*. Hence the name. They are different from standard verbs not only in their third person singular form (**-ik** is added to the verb stem) but also in their first person singular form.

Back vowel verbs			
(én) lakom	*I live*	**(mi) lakunk**	*we live*
(te) laksz	*you live*	**(ti) laktok**	*you live*
(ő) lakik	*he/she lives*	**(ők) laknak**	*they live*

Front vowel verbs			
(én) veszekedem	*I quarrel*	**(mi) veszekedünk**	*we quarrel*
(te) veszekedsz	*you quarrel*	**(ti) veszekedtek**	*you quarrel*
(ő) veszekedik	*he/she quarrels*	**(ők) veszekednek**	*they quarrel*

Front vowel verbs with ö, ő, ü or ű as their final vowel			
(én) öltözködöm	*I get dressed*	**(mi) öltözködünk**	*we get dressed*
(te) öltözködsz	*you get dressed*	**(ti) öltözködtök**	*you get dressed*
(ő) öltözködik	*he/she gets dressed*	**(ők) öltözködnek**	*they get dressed*

Note that the infinitive ending comes after the verb stem e.g. **lakni** *to live*, **veszekedni** *to quarrel*, **öltözködni** *to get dressed*.

3 MIXED VERBS: SIBILANT AND -IK COMBINATIONS

When conjugating these apply both the sibilant and the -ik rules.

Back vowel verbs			
(én) találkoz**om**	*I meet*	(mi) találkoz**unk**	*we meet*
(te) találkoz**ol**	*you meet*	(ti) találkoz**tok**	*you meet*
(ő) találkoz**ik**	*he/she meets*	(ők) találkoz**nak**	*they meet*

Front vowel verbs			
(én) teniszez**em**	*I play tennis*	(mi) teniszez**ünk**	*we play tennis*
(te) teniszez**el**	*you play tennis*	(ti) teniszez**tek**	*you play tennis*
(Ő) teniszez**ik**	*he/she plays tennis*	(ők) teniszez**nek**	*they play tennis*

Front vowel verbs with ö, ő, ü or ű as their final vowel			
(én) szörföz**öm**	*I surf*	(mi) szörföz**ünk**	*we surf*
(te) szörföz**öl**	*you surf*	(ti) szörföz**tök**	*you surf*
(ő) szörföz**ik**	*he/she surfs*	(ők) szörföz**nek**	*they surf*

4 ISZIK *DRINK*, ESZIK *EAT*

These words have irregular infinitives: **inni** *to drink*, **enni** *to eat*.

Note that the word **iszik** takes back vowel endings e.g. **iszom** *I drink*, etc.

5 05.04 NUMBERS (11–100)

tizenegy	*eleven*	**huszonegy**	*twenty-one*
tizenkettő/	*twelve*	**huszonkettő/**	*twenty-two*
tizenkét		**huszonkét**	
tizenhárom	*thirteen*	**huszonhárom**	*twenty-three*
tizennégy	*fourteen*	**huszonnégy**	*twenty-four*
tizenöt	*fifteen*	**huszonöt**	*twenty-five*
tizenhat	*sixteen*	**huszonhat**	*twenty-six*
tizenhét	*seventeen*	**huszonhét**	*twenty-seven*
tizennyolc	*eighteen*	**huszonnyolc**	*twenty-eight*
tizenkilenc	*nineteen*	**huszonkilenc**	*twenty-nine*
húsz	*twenty*		

From 30 upwards add the relevant number after the teens, so 33 will be **harminchárom**, 54 **ötvennégy**, etc.

harminc	*thirty*	**hetven**	*seventy*
negyven	*forty*	**nyolcvan**	*eighty*
ötven	*fifty*	**kilencven**	*ninety*
hatvan	*sixty*	**száz**	*one hundred*

6 TELLING THE TIME

In official time the day is split into 24 hours e.g. **tizenöt óra 10 perc van** *it's 15.10*. This is used in television and radio programmes, railway timetables, etc.

In everyday Hungarian when answering the question **Hány óra van?** or **Hány óra?** or **Mennyi idő van?** or **Mennyi az idő?** *What's the time?* the 12-hour system is used.

To tell the time simply use the words **óra** *o'clock* and **perc** *minute*.

Hét óra van.	*It's 7 o'clock.*
Nyolc óra húsz perc van.	*It's 8.20* (lit. *it's 8 hours 20 minutes*).

To answer the question **Hány órakor?**, **Hánykor?** *At what time?* or **Mikor?** *When?* use the **-kor** *at* ending. It has only one form.

hét órakor	*at 7 o'clock*	**tíz óra öt perckor**	*at 10.05*

Note that the **a** does not change to **á** before this ending.

The words **óra** *hour, o'clock* and **perc** *minute* can be dropped, e.g. **nyolc harminckor** *at eight thirty*.

7 LEAVING OUT THE -T ENDING

Even if a verb requiring the **-t** ending is just implied but not stated the **-t** ending must used.

Jó napot (kívánok!)	*(I wish) a good day.*
Valami tipikus magyar ételt (kérek).	*(I want) some typical Hungarian dish.*

Note that the Hungarian–English vocabulary at the end of the book contains the accusative form of words. E.g. **pörkölt(-et)** *stew*.

Practice 1

1 **Mr Bean woke up tired on Wednesday morning and he couldn't remember his conjugation. Help him with the following verbs.**

   a reggelizik *have breakfast*
   b ebédel *have lunch*
   c vacsorázik *have supper*
   d lesz

2 **Give the correct form of the verbs.**

   a Mit (te) főz_____?
   b Ma este tévét (te) néz_____, ugye?
   c Mit csinálsz? Olvas_____?
   d Egy pillanat! (én) Öltözköd _____.
   e Mikor (te) teniszez_____?
   f Mit (te) isz_____?

3 **Mr Bean was in a hurry to make it at 8.30 in the morning. He had left his watch behind at the hotel. He had to ask the time throughout the day. What answers did he get to his questions?**

   a 8.20
   b 11.40
   c 2.30
   d 4.50
   e 6.45
   f 7.10

4 **You are having a meal at a restaurant. A young Canadian is sitting at your table. Help him out with the following expressions.**

   a Have you got an English menu? (i.e. Is there an English menu?)
   b What Hungarian speciality have you got (i.e. is there)?
   c Is there any white bread?
   d I don't want any meat dishes. I'm a vegetarian.
   e Have you got fish fried in bread crumbs?

5 It's your turn. Fill in your part of the conversation with the waiter.

You	**a** *Ask the waiter if they have bean soup Jókai style.*
Pincér	Sajnos nincs.
You	**b** *Tell him that you want vegetable soup then.*
Pincér	Rendben. És utána?
You	**c** *Tell him that you want a pork stew. Ask him what salad they have.*
Pincér	Uborkasaláta, paradicsomsaláta és vegyes saláta. Az uborkasaláta nagyon finom.
You	**d** *Tell him that you want a cucumber salad then.*
Pincér	És inni mit parancsol?
You	**e** *Order a glass of beer.*

> **VOCABULARY**
> **uborka** *cucumber*; **paradicsom** *tomato*; **vegyes** *mixed*

 # Listening

05.05 *Mr Bean doesn't want to leave Budapest without a visit to the famous New York café.*

1 What does he want to drink?

2 Listen to some of his conversation with the waiter and complete the missing words.

   a Bean úr   Pincér, _____!

   b Pincér   Tessék _____!

   c Bean úr   A csokoládétorta nagyon finom volt. Szeretnék egy Esterházy _____ is enni. Van?

   d Pincér   Igen.

   e Bean úr   _____ kérek egyet. És _____ egy kávét is legyen szíves.

   f Pincér   Milyen _____ parancsol? Eszpresszót, cappuccinot vagy hosszú kávét?

   g Bean úr   Egy hosszú kávét kérek tejjel és utána _____.

> **VOCABULARY**
> **hosszú** *long*

Conversation 2

05.06 *On his last day in Budapest Mr Bean and Mrs Veres have been discussing business matters all morning.*

1 Listen to their conversation. What does Mr Bean think of Budapest?

Veresné	Már majdnem 1 óra van, Bean úr. Biztos nagyon éhes.
Bean úr	Hogy repül az idő! Igen, egy kicsit éhes vagyok.
Veresné	Talán jobb lesz, ha az irodában ebédelünk. Itt ebéd közben is tudunk tárgyalni. Van itt a közelben egy jó étterem. Rendelünk valamit és fél óra múlva itt lesz.
Bean úr	Jó ötlet!
Veresné	Tessék, itt az étlap. Mit szeretne enni?
Bean úr	Nem is tudom. A tegnapi vacsora nagyon finom volt, de ma inkább nem eszek húst. Talán egy pizzát kérek.
Veresné	Milyen pizzát szeretne?
(after having studied the menu)	
Bean úr	Magyaros pizza? Ez milyen?
Veresné	Nagyon finom: paradicsomszósz, mozzarella sajt és szalámi is van a pizzán.
Bean úr	Kíváncsi vagyok, milyen. Majd otthon leszek vegetáriánus. De zöldségeket beszélek!
(laughing)	
Veresné	Salátát is kér?
Bean úr	Igen, egy vegyes salátát is legyen szíves rendelni.
Veresné	Egy pillanat, rögtön jövök.
(She leaves the room to deal with the order.)	
Veresné	Már itt is vagyok. Szóval holnap reggel utazik. Hánykor indul a repülőgép?
Bean úr	8-kor kell a repülőtéren lenni, a gép 9.45-kor indul.
Veresné	Nagyon rövid 3 nap volt!
Bean úr	Igen. Pénteken reggel már Berlinben tárgyalok egy német céggel.
Veresné	Értem. És mikor lesz megint Budapesten?
Bean úr	Remélem, hogy nemsokára. Nagyon tetszik, és a magyar konyha kiváló!

VOCABULARY

majdnem *almost*; **biztos éhes** *surely you're hungry, you must be hungry*; **repül** *fly*; **idő** *time*; **közben** *during*; **tárgyal** *negotiate*; **a közelben** *nearby*; **rendel** *order*; **fél óra múlva** *in half an hour's time*; **ötlet** *idea*; **inkább** *I'd rather*; **a pizzán** *on the pizza*; **otthon** *at home*; **zöldségeket beszél** *talk rubbish* (lit. *speak vegetables*); **szóval** *so*; **utazik** *travel*; **indul** *depart*, **repülőgép** *plane*; **repülőtér** *airport*; **rövid** *short*; **egy céggel** *with a firm*; **megint** *again*; **nemsokára** *soon*; **kiváló** *outstanding, excellent*

2 Read the conversation again and find the expressions that mean:
   a It's almost 1 o'clock.
   b How time flies!
   c We'll order something and it'll be here in half an hour.
   d It's a good idea!
   e What would you like to eat?
   f But I'm talking rubbish.
   g What time does the plane leave?

3 05.07 Listen to the conversation line by line and repeat. Then listen to Mrs Veres' lines and and respond as if you were Mr Bean.

4 Read the conversation again and find the Hungarian translation of:
   a I'd rather not eat meat today
   b on Friday
   c you would like (sing. form.)

Learn more 2

1 THE -IK VERBS

In colloquial Hungarian, some people use the standard verb forms i.e. **-ok**, **-ek, -ök** in the first person singular form, e.g. **eszek, iszok, lakok**. With most verbs this sounds uneducated. So it is safer to stick to the **-ik** conjugation.

2 ON FRIDAY, ETC.

These forms answer the question **mikor?** *when?*:

hétfőn	*on Monday*	**pénteken**	*on Friday*
kedden	*on Tuesday*	**szombaton**	*on Saturday*
szerdán	*on Wednesday*	**vasárnap**	*on Sunday*
csütörtökön	*on Thursday*		

Note that **vasárnap** means both *Sunday* and *on Sunday*.

You can either say **péntek reggel** or **pénteken reggel** *on Friday morning*.

3 WOULD LIKE

This is a useful form to know so here is its conjugation:

(én) szeretnék	I would like	(mi) szeretnénk	we would like
(te) szeretnél	you would like	(ti) szeretnétek	you would like
(ő) szeretne	he/she would like	(ők) szeretnének	they would like

 Practice 2

1 Dan was daydreaming and he forgot to translate the following sentences for his Hungarian homework. Can you help him?

    a Are you playing tennis on Thursday morning? (sing. fam.)

    b What would you like to drink? (sing. form.)

    c I'd rather read now.

    d There's a good patisserie nearby.

 2 Now give your own answer to these questions.

    a Szeretne valami tipikus magyar ételt enni? [2]

    b Gyakran eszik levest? [2]

    c Általában mikor vacsorázik?

    d Szeret főzni? [2]

    e Szeret étteremben az ablak mellett ülni? [2]

Test yourself

Which is correct?

1 **a** A sertéspörkölt húsétel.
   b A sertéspörkölt vegetáriánus étel.
2 **a** Egy gombaleves, legyen szíves.
   b Egy gombalevest, legyen szíves.
3 **a** Mit olvassz?
   b Mit olvasol?
4 **a** Miért veszekedel?
   b Miért veszekedsz?
5 **a** Isztek egy pohár vörös bort?
   b Isztok egy pohár vörös bort?
6 **a** Hánykor találkozunk?
   b Mennyi időkor találkozunk?
7 **a** Zöldségeket beszélsz!
   b Gyümölcsöket beszélsz!
8 **a** Vasárnapon reggel 7.40-kor indul a repülőgép.
   b Vasárnap reggel 7.40-kor indul a repülőgép.
9 **a** Szeretnél egy Esterházy torta enni?
   b Szeretnél egy Esterházy tortát enni?
10 **a** Egy üveg francia pezsgőt kérünk.
   b Egy üveget francia pezsgő kérünk.

SELF CHECK

	I CAN ...
○	... order some basic food and drinks.
○	... count up to 100.
○	... tell the time.
○	... express my preference.

6

Reggel 6.30-kor kelek

I get up at 6.30 in the morning

In this unit you will learn how to:
▶ *talk about your daily routine.*
▶ *talk about leisure activities.*
▶ *express your likes and dislikes.*
▶ *use higher numbers.*

CEFR (A2): *Can give a simple description of daily routine and leisure time activities.*

 Lifestyles

A lot of people start work **korán** (*early*) and finish **későn** (*late*). Most people try to get away from work **pénteken délután** (on Friday afternoon) to start the **hétvége** (*weekend*) early. Even children have a long day at school starting at 8 a.m. or sometimes even at 7 a.m.

Szabadidő (*free time*) and the weekend are often spent with the **család** (*family*) or with friends. **Egy tipikus magyar nő sokat dolgozik otthon is: főz, mos, takarít.** (*A typical Hungarian woman works a lot at home as well: she cooks, washes the clothes and does the cleaning.*) More and more **magyar férfi segít a házimunkában** (*Hungarian men help with the housework.*) **Vacsora után sok család tévét néz.** (*After supper a lot of families watch television.*)

Young people are more health conscious and **sportol** (*do sports*): **konditerembe jár** (*go to the gym*), **fut** (*run*), etc. **Futball** or **foci** (*football*) is the most popular sport.

The Western lifestyle is coming thick and fast into the country but Hungarians are trying to preserve their distinctive **identitás** (*identity*) and **kultúra** (*culture*).

What is the Hungarian for *help with the housework* in the text? What is the literal English translation of this expression? Can you now say *help with the homework?* (**házi feladat** *homework*; lit. *house task*)

Vocabulary builder

DAILY ROUTINE

kel	*rise, get up*
dolgozni megy	_____
iskolába megy	_____
hazamegy	_____ *home*
leckét ír	*do homework* (lit. *write homework*)
zuhanyozik	*have a shower*
fürdik	*have a* _____
aludni megy	_____ *to bed* (lit. *go to sleep*)

LEISURE ACTIVITIES

focizik	_____
kosarazik	*play basketball*
úszik	*swim*
táncol	*dance*
internetezik	_____
könyvet olvas	_____ *a book*
újságot olvas	_____*a newspaper*
tévét néz	_____
moziba megy	_____
színházba megy	_____ *to the theatre*
koncertre megy	_____
múzeumba megy	_____

NEW EXPRESSIONS

Hány éves vagy?	*How old are you?*
Hol laksz?	*Where do you live?*
egy tipikus napod	*a typical day of yours*
Mit csinálsz délután?	*What do you do in the afternoon?*
először hazamegyek	*first I go home*
angolra járok	*I go to English classes/lessons*
nagyon elfoglalt vagy	*you are very busy*
nincs sok szabadidőm	*I don't have much free time*
a hétvégén	*at the weekend*
késő este	*late at night* (lit. *late in the evening*)
tíz óra körül	*at around ten o'clock*
amikor felnőtt leszel	*when you become an adult*

Conversation 1

06.02 *A radio station is interviewing people of all ages and backgrounds about their lifestyles. The first interview 22 is Zita.*

1 Listen to the interview. Does Zita help with the housework?

Riporter	Hány éves vagy, Zita?
Zita	Tizenegy leszek májusban.
Riporter	Hol laksz?
Zita	Szegeden.
Riporter	Milyen egy tipikus napod?
Zita	Reggel 6.30-kor kelek. Reggelizek és utána iskolába megyek.
Riporter	Szeretsz iskolába járni?
Zita	Nem nagyon. Elég unalmas.
Riporter	Értem. Mit csinálsz délután, iskola után?
Zita	Általában először hazamegyek és eszek valamit. Utána hétfőn és szerdán angolra járok, kedden és pénteken pedig kosarazom.
Riporter	Akkor nagyon elfoglalt vagy. Sok a házi feladat az iskolában?
Zita	Igen, túl sok. Este gyakran leckét írok, tanulok. Ezért sajnos nincs sok szabadidőm, csak a hétvégén.
Riporter	Mit szeretsz csinálni a szabadidődben?
Zita	Tévét nézni, internetezni vagy a téren játszani.
Riporter	Segítesz otthon a házimunkában?
Zita	Egy kicsit. Néha segítek takarítani vagy a boltban vásárolni.
Riporter	Hány órakor mész aludni?
Zita	Késő este, általában 10 óra körül.
Riporter	Mi szeretnél lenni, amikor felnőtt leszel?
Zita	Modell vagy színésznő. Híres ember akarok lenni!

VOCABULARY

jár *go regularly;* **után** *after;* **ezért** *because of this;* **a szabadidődben** *in your free time;* **tér** *playground;* **játszani** *to play;* **bolt** *shop;* **színésznő** *actress;* **ember** *man, person;* **akar** *want*

2 Igaz vagy nem igaz? True or false. Correct the false statements.

a Zita tizenegy éves.

b Zita Szegeden lakik.

c Zita az iskolában reggelizik.

d Zita nagyon elfoglalt.

e Zita szeret tévét nézni.

f Zita korán megy aludni, mert este nagyon fáradt.

g Zita tanár szeretne lenni.

3 What do you think?

a Does Zita like going to school?

b What after classes does she have?

 4 06.03 **Now listen to the conversation line by line and repeat it. Then listen to the reporter's lines and respond as if you were Zita.**

 # Language discovery

Read the conversation again and answer the questions.

1 What are the Hungarian equivalents of these phrases?

a to do the cleaning

b I write

2 Now find these phrases in Hungarian:

a in Szeged; at the weekend

b after school

c How would you say after the cinema?

Learn more 1

1 VERBS ENDING IN TWO CONSONANTS OR-ÍT

These take a linking vowel before endings starting with a consonant.

Back vowel verbs			
(én) takarítok	*I clean*	**(mi) takarítunk**	*we clean*
(te) takarítasz	*you clean*	**(ti) takarít*otok***	*you clean*
(ő) takarít	*he/she cleans*	**(ők) takarít*anak***	*they clean*

Front vowel verbs			
(én) értek	*I understand*	**(mi) értünk**	*we understand*
(te) értesz	*you understand*	**(ti) értetek**	*you understand*
(ő) ért	*he/she understands*	**(ők) értenek**	*they understand*

Front vowel verbs with ö, ő, ü or ű as their final vowel			
(én) küldök	*I send*	**(mi) küldünk**	*we send*
(te) küldesz	*you send*	**(ti) küldötök/ küldetek**	*you send*
(ő) küld	*he/she sends*	**(ők) küldenek**	*they send*

The forms **küldötök** and **küldetek** are interchangeable.

Note the infinitives: **takarítani, érteni, küldeni**.

2 ÍR WRITE

Some verbs, like **ír** and **iszik** containing only **i** and/or **í** take back vowel endings. When conjugating, first decide if it is a standard or mixed, etc. verb.

3 MORE MIXED VERBS

These can be of different combinations, for example **alszik** *sleep* is both a sibilant and an **ik** verb and its stem (i.e. **alsz**) ends in two consonants. When conjugating it all three sets of rules need to be applied.

(én) alszom	*I sleep*	**(mi) alszunk**	*we sleep*
(te) alszol	*you sleep*	**(ti) alszotok**	*you sleep*
(ő) alszik	*he/she sleeps*	**(ők) alszanak**	*they sleep*

Note that this verb has an irregular infinitive: **aludni** *to sleep*.

4 THE -N ENDING

This ending usually corresponds to the English preposition *on*.

For words ending in a vowel just add **-n**. (As usual the final **a** changes to **á**, and the final **e** to **é** before it.) For example, **autó – autón**, **fa** *tree* – **fán** *in the tree*, **Szentendre – Szentendrén** *in Szentendre*.

For words ending in a consonant use a linking vowel to join the **-n** ending to the word. Back vowel words take the **o** linking vowel e.g. **szombaton**, front vowel words take **e**, e.g. **pénteken** and front vowel words with ö, ő, ü or ű as their final vowel take the **ö** linking vowel, e.g. **csütörtökön**.

As Hungarian endings are not always used the same way as their English equivalents it is best to learn when to use them. The **-n** ending is used when:

a answering the question **hol?** *where?* with
▶ some Hungarian place names, e.g. **Szegeden** *in Szeged.*
▶ open spaces i.e. when talking about being on the surface of something, e.g **az asztalon** *on the table.*
b answering the question **mikor?** *when?* with
▶ the names of the days of the week.

Note the phrases **a hétvégén** *at the weekend*, **télen**, **nyáron**.

5 POSTPOSITIONS

Unlike English prepositions Hungarian postpositions come after the words they refer to (**iskola után** *after school*). These can be used in

a place expressions

előtt	*in front of, outside*	**mögött**	*behind*
alatt	*under*	**felett**	*above, over*
mellett	*next to, beside*	**körül**	*around*
között	*between, among*	**után**	*after*

b time expressions

előtt	*before*	**után**	*after*
között	*between*	**körül**	*around*
múlva	*in … time*	**közben**	*during*

c other expressions

nélkül	*without*	**szerint**	*according to*

6 PARTS OF THE DAY

mi?		**mikor?**	
hajnal	*dawn*	**hajnalban**	*at dawn*
reggel	*morning*	**reggel**	*in the morning*
délelőtt	*morning (lit. before noon)*	**délelőtt**	*in the morning (i.e. between 9 a.m. and 12 a.m.)*
dél	*noon*	**délben**	*at noon*
délután	*afternoon*	**délután**	*in the afternoon*
este	*evening*	**este**	*in the evening*
éjszaka	*night time*	**éjszaka**	*at night*

Practice 1

1 Conjugate the following verbs.

a zuhanyozik
b segít
c ír
d fürdik
e játszik
f dolgozik

2 Zita is at a summer camp at Lake Balaton. She has written a letter to her parents about it. Fill in the missing endings and postpositions in this paragraph.

Szerencsére nem kell túl korán kelni. Reggeli _____ tornázunk, hideg víz _____ zuhanyozunk. 8-kor reggelizünk és utána mindig van valami jó program. Délben ebédelünk. Szerintem jól főznek. Ebéd _____ 1 és 3 óra _____ szabadidő van. Én általában olvasok. 3 óra _____ kezdődik a délutáni program. A tó _____ vagyunk, ezért gyakran fürdünk a Balaton _____. Ha jó idő van, egész délelőtt és délután is ott vagyunk. Már jól tudok úszni! Sokat sportolunk: focizunk, kosarazunk. Amikor esik az eső, kirándulunk. Voltunk már múzeum _____, koncert _____ és mozi _____ is. Este 7-kor vacsorázunk és utána még játszunk. Este már nagyon fáradt vagyok. 9-kor megyünk aludni. Itt nincs komputer, de internet _____ is szeretek itt lenni!

> **VOCABULARY**
> **tornázik** *do exercises*; **kezdődik** *start*; **tó** *lake*; **fürdik** *bathe*

 06.04 **Now listen to Zita's letter. Repeat each sentence several times after the speaker. Finally, say it all out loud from memory.**

4 Zita is a bit chaotic. Look at her room and help her find these items. Use these words: **szék** *chair*; **szekrény** *cupboard*; **föld** *ground*; **óra** *watch*

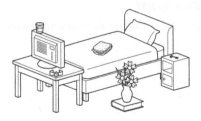

a Hol van a könyv?
b Hol van a szendvics?
c Hol van a virág?
d Hol van a kulcs?
e Hol van a pohár?
f Hol van az óra?

5 Here is a week from István's diary. Look at it and then answer the questions in full sentences.

hétfő	5-7 foci
kedd	reggel 6.30-kor repülőtér: Black úr jön
szerda	6-kor angolóra
csütörtök	délelőtt: Szeged este 7-kor koncert
péntek	este 8-kor konditerem
szombat	vásárolni
vasárnap	jó meccs a tv-ben!

a Mikor focizik István?
b Hol van István kedden reggel munka előtt?
c Mikor tanul angolul?
d Hol tárgyal csütörtökön délelőtt?
e Mit csinál csütörtökön este?
f Hová megy pénteken este 8-kor?
g Mit csinál a hétvégén?

 # Listening

06.05 *János has joined a dating website, where he has to introduce himself.*

1 Does he do any sport?

2 Listen to him and complete the missing words.

János vagyok és egy bankban _____. 36 _____ vagyok és egyedül élek. Minden _____ nagyon hosszú. Általában reggel _____ már az irodában vagyok. Gyakran csak este 7 óra _____ tudok _____. Kedden és csütörtökön munka _____ _____ járok. A _____ szeretek sokat _____. Vasárnap _____ főzök valami jót. _____ pedig egy focimeccset vagy egy jó filmet nézek a _____.

VOCABULARY

egyedül *on one's own*; **él** *live*; **focimeccs** *football match*

 # Conversation 2

06.06 *András is the next person to be interviewed for the radio programme on lifestyles.*

1 Listen to the interview. Where does he go on Saturday evenings?

Riporter	Hány éves?
András	Ezerkilencszázkilencvenegyben születtem, 23 éves vagyok.
Riporter	Mi a foglalkozása?
András	Konzultáns vagyok.
Riporter	Milyen egy tipikus napja?
András	Korán kelek, zuhanyozom. Csak egy kávét iszom reggel és megyek a konditerembe. Utána reggelizem. Reggel 9 és délután 5 óra között az irodában vagyok. Délben általában egy kis étteremben vagy egy kínai büfében ebédelek. Munka után hazamegyek, de néha szeretek sörözni és egy jót beszélgetni.
Riporter	Mit szeret a hétvégén csinálni?

András	Szombaton későn kelek és egy nagy reggelit készítek. Utána újságot olvasok. Általában szombat délután vásárolok. Utálok takarítani, de néha muszáj. Este táncházba járok, imádok táncolni. A vasárnap csendes nap. Reggel templomba megyek. Általában a szüleimmel ebédelek. Este néha filmklubba megyek az Uránia moziba.
Riporter	Mit szeretne még elérni az életben?
András	Szeretnék majd egy családot, de először utazni akarok.

> A **táncház** *dance house* is where people dance to folk music.

VOCABULARY

ezer *thousand*; **születtem** *I was born*; **Mi a foglalkozása?** *What's your job?*; **konzultáns** *consultant*; **sörözik** *have a beer and a chat*; **egy jót beszélget** *have a good chat*; **készít** *make, prepare*; **utál** *hate*; **muszáj** *must*; **imád** *love, adore*; **csendes** *quiet*; **templom** *church*; **a szüleimmel** *with my parents*; **elér** *achieve*; **élet** *life*

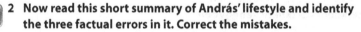

2 Now read this short summary of András' lifestyle and identify the three factual errors in it. Correct the mistakes.

András 1991-ben született, 23 éves. Konzultáns és egy irodában dolgozik. Korán kel, reggelizik és munka előtt megy a konditerembe. Munka után általában hazamegy, de néha szeret sörözni és egy jót beszélgetni. Szombaton egy nagy reggelit eszik és közben újságot olvas. Délután vásárol, néha takarít, este táncházba jár. Vasárnap reggel templomba megy és néha este filmklubba. Nem akar családot, csak utazni szeretne.

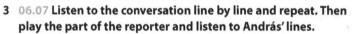

3 06.07 Listen to the conversation line by line and repeat. Then play the part of the reporter and listen to András' lines.

4 Read the conversation again and find the Hungarian translations of:
  a 1991
  b in 1991
  c I was born

Learn more 2

1 YEARS

From 100 upwards just add the relevant number after the hundreds, the thousands, etc.

101 **százegy** 200 **kétszáz** 963 **kilencszázhatvanhárom**.

You will only need three more words to be able to do high numbers:

ezer *thousand* **millió** *million* **milliárd** *billion*

3,800 **háromezer-nyolcszáz** 10,000 **tízezer** 540,000 **ötszáznegyvenezer**

There is no comma after the thousands in Hungarian. Sometimes a full stop is used instead, e.g. *6.000* **hatezer**.

Names of years are read out in full like this: **ezerkilencszázkilencvenegy** 1991.

To say *in 1991* use the **-ban/-ben** ending: **ezerkilencszázkilencvenegyben**.

2 1991-BEN

The figure 1991 is made up of several numbers (i.e. words). It is the last word (i.e. **egy**) which decides vowel harmony.

This rule applies to all so-called compound words (i.e. words that are made up of two or more words) e.g. **Budapest** is made up of **Buda** and **Pest**. As **Pest** is a front vowel word the entire word takes front vowel endings, e.g. **Budapesten**.

3 SZÜLETTEM *I WAS BORN*

This is a useful past tense form to know in the singular:

(én) születtem	*I was born*
(te) születtél	*you were born*
(ő) született	*he/she was born*

 Practice 2

1 **Look at the ages of the people and make up full sentences about when they were born. Most 2014 van.** *It is 2014.*
   a Panni 4 éves.
   b Csaba 16 éves.
   c Ágnes 37 éves.
   d Áron 55 éves.

 2 **Now give your own answers to these questions.**
   a Mikor született?
   b Hány éves?
   c Mi a foglalkozása?
   d Mikor indul dolgozni?
   e Mikor megy haza?
   f Mit szeret csinálni a hétvégén?

⁇ Test yourself

Which is correct?

1. a Általában mikor takarítatok?
   b Általában mikor takarítotok?
2. a Szerinted ők értenek angolul?
   b Szerinted ők értnek angolul?
3. a Nem tudok aludni.
   b Nem tudok alszikni.
4. a Miért vagy a fan?
   b Miért vagy a fán?
5. a A hétvégén táncházba járok.
   b A hétvégen táncházba járok.
6. a Mögött a ház egy nagy kert van.
   b A ház mögött egy nagy kert van.
7. a Zoli 1985-ben született.
   b Zoli 1985-ban született.
8. a Kálmán 58 éves van.
   b Kálmán 58 éves.
9. a Hajnalon kelek.
   b Hajnalban kelek.
10. a Vacsora között beszélgetünk.
    b Vacsora közben beszélgetünk.

SELF CHECK

	I CAN ...
●	... talk about my daily routine.
●	... talk about leisure activities.
●	... express my likes and dislikes.
●	... use higher numbers.

R2 Review 2

1 **Béla Varga is a journalist. When he interviews people he only jots down their answers. What were his questions if Géza, a teenager gave these answers?**
   a Géza.
   b Sopronban lakom.
   c 13 leszek októberben.
   d Igen, szeretek iskolába járni.
   e Igen, úszom.
   f A hétvégén általában kirándulni megyünk.
   g Még nem tudom, talán orvos.

2 **His second interviewee is Andrea Kerekes, a middle-aged woman. What were Béla's questions? Here are Andrea Kerekes' answers.**
   a Kerekes Andrea.
   b Szegeden lakom.
   c 47 éves vagyok.
   d Egy iskolában, tanár vagyok.
   e Vásárolok és vacsorát főzök.
   f Sajnos nincs sok szabadidőm. De este gyakran olvasok.
   g Szombaton vásárolok, mosok, takarítok. Vasárnap ebédet főzök és utána pihenek.

3 **What is this word?**

El mint Lajos, á mint Ádám, té mint Tibor, en mint Nóra, i mint Ilona, vé mint Virág, a mint Anna, el mint László és hosszú o mint Olga.

4 **Liz is confused. She badly needs your help. Can you spot the mistakes she made in these sentences? Please correct them.**
   a Segítsz?
   b Sajnos már nem voltam Egerben.
   c Mikor voltotok a vendéglőben?
   d 1982-ban születtem.

e Majd küldek egy e-mailt.

f Egy étlap, legyen szíves.

g Köszönöm a kávé. Finom volt.

h Miért veszekedel mindig?

i Szombat hajnalon megy O'Brian úr Írországba.

5 Complete this sentence. *In Hungarian we don't have capital letters for . . .*

6 Karcsi has taken his dog for a walk in the nearby woods. She is full of energy and Karcsi finds it hard to keep up with her. Where is she? Look at the pictures and make up full sentences. You will need the word 'kutya' *dog***.**

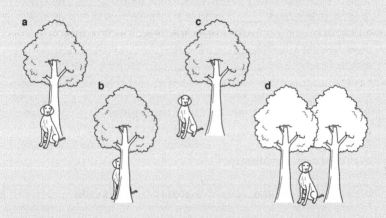

7 You are writing a Hungarian test. Give the correct form of these verbs.

a Vacsorát (ti) készít_____?

b Szerinted (ők) ért_____ angolul?

c Mit (ti) játszik _____?

d A gyerekek este otthon házi feladatot ír_____.

e (ti) Volt_____ már Amerikában?

f (te) Szörföz_____ ma délután?

g Nyáron minden hétvégén (én) úszik_____ a Balatonban.

h Miért nem (ti) alszik_____? Már nagyon késő van!

i Ti is jön_____ sörözni?

j Most (mi) nem megy_____.

8 Select the right endings for the spaces in the text.

-n, -on, -en, -ön, -ban, -ben, -ba, -be, -kor

Judit híres színésznő. Reggel nem kel korán. A konyha_____ főz egy jó kávét. Utána a park_____ megy futni. Amikor hazajön, zuhanyozik a fürdőszoba_____ és utána reggelizik. Reggeli közben újságot olvas. Délelőtt a színház_____ van. Dél_____ a büfé_____ ebédel. Délután 2 óra_____ a rádió_____ dolgozik. 5-kor egy kávéház_____ egy finom tortát eszik és egy jó kávét iszik. Minden este a színház_____ játszik. Késő este megy aludni. A hétvége_____ néha Szentendre_____ van, mert ott laknak a szülei. Nyár_____ gyakran utazik. Imád Olaszország_____ lenni. Elég jól tud olaszul. Volt már Róma_____, Velence_____ és Firenze_____. Szerinte Olaszország és az olasz nyelv nagyon szép.

Note these forms: **a szüleim** *my parents;* **a szüleid** *your parents;* **a szülei** *his/her parents*

VOCABULARY
Velence *Venice;* **Firenze** *Florence*

9 How old are these people? Most 2014 van.
a Imre ezerkilencszáznegyvenhatban született.
b Anna ezerkilencszáznyolcvanháromban született.
c Pista kétezer-egyben született.
d Emese kétezer-hatban született.

10 Study the weather map and the information given then make up full sentences about these European cities answering the questions Hány fok van? *How many degrees Celsius is it?* and Milyen idő van? You will need these words: nulla *zero;* plusz *plus* and mínusz *minus.*

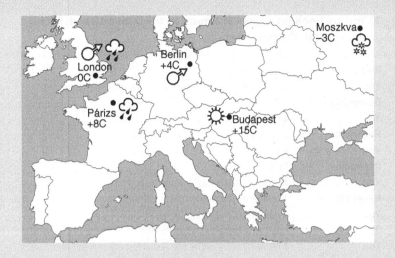

11 You have done a round-the-world trip. You have 15 GBP, 20
Australian dollars, 35 Canadian dollars and 140 euros left. You
want to change them into forints (Ft). The table shows the rates
of exchange. You need to figure out how many forints you will
get. The first one is done for you.

a	1	angol font	350 Ft
b	1	ausztrál dollár	180 Ft
c	1	kanadai dollár	179 Ft
d	1	euró	290 Ft

a Ha egy angol font háromszázötven Ft, akkor tizenöt font ötezer-
kétszázötven forint.

VOCABULARY
font *pound*

12 Which is the odd word out?
  a szálloda, úszómedence, légkondicionálás, szegény, kétágyas szoba,
     szauna
  b kenyér, sajt, tojás, föld, sonka, paradicsom, uborka, gomba
  c alszik, kel, reggelizik, zuhanyozik, dolgozik, olvas, sportol, körül

13 You are booking a room at a hotel on the Danube Bend. Fill in your part of the conversation.

Recepciós	Jó napot kívánok!
You	**a** *Greet him and tell him that you would like a single room.*
Recepciós	Hány éjszakára?
You	**b** *Tell him that you want it just for tonight.*
Recepciós	Egy pillanat! Igen, van szabad szoba.
You	**c** *Ask him if there's free WIFI in the room.*
Recepciós	Igen.
You	**d** *Ask him how much the room costs for a night.*
Recepciós	Tizenhétezer forintba.
You	**e** *Ask if breakfast is also included.*
Recepciós	Igen, a büféreggeli is benne van.
You	**f** *Tell him that it will be fine. Ask if you can pay by credit card.*

14 You are at a restaurant with a couple of friends. You are the only Hungarian speaker. Study the menu. What would be suitable for the following people?
   a Bruce is a vegetarian but he doesn't like mushrooms.
   b Penny is on a slimming diet.

levesek		főételek	
gulyásleves	*980 Ft*	*paprikás csirke*	*1700 Ft*
húsleves	*560 Ft*	*sertéspörkölt*	*2100 Ft*
gombaleves	*730 Ft*	*rántott hal*	*2300 Ft*
zöldségleves	*840 Ft*	*cézár saláta*	*2050 Ft*

VOCABULARY
főételek *main courses* (lit. *main dishes*)

15 Match the questions with the answers.

a Van szépségszalon a hotelben?
b Szabad a nevét?
c Volt már Egerben?
d Milyen nap van ma?

e Mikor megyünk úszni?

f Hol lehet itt parkolni?
g Hová parancsol?
h Mi megy ma este?
i És inni mit parancsolnak?
j Mikor és hol találkozunk?

1 A Don Giovanni.
2 Sajnos még nem voltam.
3 Egy üveg vörös bort kérünk.
4 Holnap este 7.30-kor a mozi előtt.
5 A keresztnevem Joe, a vezetéknevem pedig Black.
6 Igen van, és szolárium is.
7 Hétfő.
8 A mozi mögött.
9 Szombaton.
10 Az Operába, legyen szíves.

7 Sokkal jobban szeretem a meggyet

I much prefer sour cherries

In this unit you will learn how to:
▶ *do some shopping.*
▶ *express your likes and dislikes.*
▶ *express your preferences.*
CEFR (A2): *Can ask about things and express likes or dislikes.*

 Home-grown produce

Hungary has very good quality soil, which has not been spoiled by intensive industrial farming. Crops are grown without the excessive use of chemicals and pesticides. Due to its sunny climate Hungary produces delicious fruit and vegetables.

As a result, most people prefer **helyi** (*local produce*) bought at a **piac** (*market*) or **csarnok** (*indoor market*). These are well worth a visit. This is where country people sell their own produce. There are a few traditional indoor markets left in Budapest with their beautiful wrought iron structures. These are frequented by workmen and office workers at lunchtime to have **olcsó** (*cheap*) Hungarian dishes and specialities like **lángos** (*fried dough*) with various toppings; **palacsinta** (*pancake*), spicy **sült kolbász** (*fried sausage*), etc. The most famous covered market is **Nagycsarnok** (*Great Market Hall*) in Budapest. It is one of the most popular tourist attractions in the city. It also sells traditional Hungarian souvenirs like **tokaji** (*Tokaji wine*), Hungarian delicacies, embroidered blouses, tablecloths, boxes as well as hand painted pottery, etc.

As people are becoming more health conscious **bio** (*organic*) food is becoming more and more popular. Sadly this is still far too **drága** (*expensive*) for the average Hungarian family.

 Using the Hungarian phrases in the text can you work out how to say *organic market*?

Vocabulary builder

07.01 Look at the Hungarian words and phrases and complete the missing English expressions. Then listen and repeat.

FRUITS

körte	*pear*
alma	_____
narancs	_____
szilva	*plum*
banán	_____
sárgabarack	*apricot*
őszibarack	*peach*
szőlő	*grape*
cseresznye	*cherry*
meggy	*sour cherry*
eper	*strawberry*
málna	*raspberry*

VEGETABLES

saláta	*lettuce*
retek	*radish*
paprika	_____
sárgarépa	*carrot*
burgonya/krumpli	*potato/spud*
gomba	*mushroom*
borsó	*pea*
bab	_____
vöröshagyma	*onion*
fokhagyma	*garlic*
káposzta	*cabbage*

NEW EXPRESSIONS

Tudod, hogy …	*You know that …*
utálom a cseresznyét	*I hate cherries*
ecettel	*with vinegar*
olajjal	*with oil*
saláta recept	*salad recipe*
Kipróbálom.	*I'll try it.*
Honnan tudod?	*How do you know? (lit. From where do you know?)*

---

7 Sokkal jobban szeretem a meggyet I much prefer sour cherries   97

nem is ismered	*you don't even know it*
nem baj	*it doesn't matter*
egy jó film megy	*a good film is on* (lit. *a good film is going*)
Tudod, mit?	*You know what?*

Conversation 1

07.02 *Mrs Török is cooking Sunday lunch. Rita her daughter is rather choosy.*

1 Listen to the conversation. What does Mrs Török put in her mixed salad?

Rita	Anyu, mit főzöl ma ebédre?
Törökné	Hideg gyümölcslevest és pörköltet. Salátát is csinálok.
Rita	Milyen gyümölcsöt teszel a gyümölcslevesbe?
Törökné	Szilvát, almát, körtét és cseresznyét.
Rita	De anyu! Tudod, hogy én utálom a cseresznyét! Sokkal jobban szeretem a meggyet.
Törökné	Jó, akkor meggyet teszek a levesbe.
Rita	És milyen salátát csinálsz?
Törökné	Vegyes salátát.
Rita	És mit teszel a vegyes salátába?
Törökné	Paprikát, paradicsomot, uborkát és salátát. Most ecettel és olajjal csinálom.
Rita	Ecettel és olajjal?
Törökné	Igen, volt egy francia saláta recept a Nők Lapjában. Kipróbálom.
Rita	De én jobban szeretem a magyar salátát!
Törökné	Honnan tudod? Hiszen nem is ismered a francia salátát!
Rita	Nem baj, de én magyar salátát akarok enni!
Törökné	Értem. Jó, akkor azt te csinálod.
Rita	De anyu, most egy jó film megy a TV-ben. Tudod, mit? Akkor inkább én is ecettel és olajjal kérem. Kipróbálom a francia salátát.

Nők Lapja *Women's Paper* is a women's magazine.
Traditional Hungarian salad dressing is made with water, vinegar, salt and sugar.

VOCABULARY
anyu *mum;* **tesz** *put,* **most** *this time;* **ecet** *vinegar;* **olaj** *oil;* **kipróbál** *try;* **hiszen** *but, surely*

2 Fill in the missing words.
   a Törökné hideg gyümölcslevest és _____ főz vasárnap ebédre.
   b Rita szerint a _____ nem finom gyümölcs.
   c Törökné szívesen tesz cseresznye helyett _____ a levesbe.
   d Rita szerint ecettel és _____ nem jó a saláta.
   e A francia saláta recept a _____ _____ volt.
   f Most jó film megy a TV-ben, ezért Rita is inkább _____ salátát eszik.

VOCABULARY
szívesen tesz *is happy to put;* **helyett** *instead of, in place of*

3 What do you think?
   a Has Rita tried French salad before?
   b Why doesn't she want to make Hungarian salad dressing?

 4 07.03 Now listen to the conversation line by line and repeat it. Then listen to Rita's lines and respond as if you were Mrs Török.

Language discovery

Read the conversation again and answer the questions.

1 Find the Hungarian equivalent of:
   a for lunch
   b for breakfast

2 Now find these phrases in Hungarian:
   a I like sour cherries
   b I like apples

Learn more 1

1 THE -RA/-RE ENDING

It is used:
a to mean *for* or *to* in expressions like:

németre járok	*I go to German classes*
vacsorára	*for dinner*

b with words taking the **-n** ending in answer to the question **hol?** when answering the question **hova?** or **hová?** i.e. with

▶ some Hungarian place names, e.g. **Budapestre** *to Budapest*

▶ open spaces. e.g. **az asztalra** *onto the table*

2 TRANSITIVE AND INTRANSITIVE VERBS

Verbs that can take an object are called transitive verbs, e.g. **eszik**. This is shown in dictionaries (and also from now onwards in this book) like this:

vki eszik vmit *sy eats sg.* **Vki** stands for **valaki** *somebody* and **vmi** stands for **valami** *something.* The **-t** ending after the abbreviated form **vmi** shows that the verb **eszik** takes the accusative ending, e.g. **Eszter almát eszik.** *Eszter is eating an apple.*

Use the questions words **mit?** *what?* and **kit?** *who?* with transitive verbs, e.g. **Mit eszel?** *What are you eating?* **Mit gondolsz?** *What do you think?*

Verbs that can never take an object are called intransitive verbs, e.g. **megy**.

3 THE DEFINITE AND THE INDEFINITE CONJUGATIONS

Intransitive verbs can only be conjugated in the indefinite conjugation. You have by now come across all the different types of the indefinite conjugation in the present tense i.e. standard, sibilant, etc. verbs.

Transitive verbs can be conjugated either in the indefinite or the definite conjugation.

4 PRESENT TENSE: DEFINITE CONJUGATION

All transitive verbs with the exception of sibilant verbs are conjugated like this:

	Back vowel verbs	Front vowel verbs	Front vowel verbs with ö, ő, ü or ű as their final vowel
(én)	tudom	kérem	köszönöm
(te)	tudod	kéred	köszönöd
(ő)	tudja	kéri	köszöni
(mi)	tudjuk	kérjük	köszönjük
(ti)	tudjátok	kéritek	köszönitek
(ők)	tudják	kérik	köszönik

Note that **dj** is pronounced as **ggy** and **nj** as **nny**, e.g. **tudják** (pron. tuggyák) and **köszönjük** (pron. köszönnyük).

There is no equivalent of the definite conjugation in English. So, for example, both **tudok** and **tudom** translate as *I know*.

Whether the indefinite or the definite conjugation is used with a transitive verb depends on the object it takes.

▶ Transitive verbs which take an indefinite object or no object at all are conjugated in the indefinite conjugation.

Színházba megyünk. *We're going to the theatre.*

Egy sört kérek. *I want a beer.*

▶ Transitive verbs which take a definite object are conjugated in the definite conjugation.

Szeretem az almát. *I like apples.*

5 INDEFINITE AND DEFINITE OBJECTS

An object is indefinite if:

▶ it is preceded by the indefinite article i.e. **egy** *a, an*. E.g. **Egy kávét kérek**. *I want a coffee, please.*

▶ it is not preceded by either the indefinite or the definite article (i.e. **a, az** *the*), and it is not the name of a particular person or thing, like for example **Szeged**. E.g. **Bort kérsz?** [1] *Is it wine that you want?*

▶ it is expressed by the infinitive, e.g. **Szeretek síelni**. *I like skiing.*

An object is definite if:

▶ it is preceded by the definite artice. E.g. **Nem szeretem a szilvát.** *I don't like plums.*

▶ it is the name of a particular person or thing. E.g. **Ismered Bélát?** [2] *Do you know Béla?*

▶ it is expressed by **ez** this or **az** that. E.g. **Ezt kérjük.** *We want this one.*

The definite conjugation is often used when introducing a clause:

Tudod, hogy én utálom a cseresznyét. *You know that I hate cherries.*

The definite conjugation is also required when 'it' is implied:

Most ecettel és olajjal csinálom. *This time I'll make it with vinegar and oil.*

6 USING THE SINGULAR

Use the singular with names of fruits and vegetables:

Attila szereti a banánt. *Attila likes bananas.*

Practice 1

1 Misi lives in a small village. He is daydreaming. Here is where he would like to go and why. Look at the table and make up full sentences. The first one is done for you: **Misi Budapestre szeretne menni, mert Karcsi szerint nagyon szép.**

	város	miért?
a	Budapest	Karcsi szerint nagyon szép
b	Szentendre	ott van a Kovács Margit Múzeum
c	Szeged	ott finom a halászlé
d	Vác	jó focimeccs lesz ott
e	Pécs	még nem volt ott

> **VOCABULARY**
> **halászlé** *Hungarian fish soup*

2 Conjugate the following verbs in the definite conjugation.
   a csinál
   b utál
   c szeret
   d fizet
   e küld
   f köszön

3 Gábor has taken part in an international survey on leisure time activities. Here is an English summary of what he said. What were his actual words?

Gábor loves playing football and he likes cooking. He doesn't like reading and hates dancing.

4 Rita is quite choosy about her food. Here is what she likes and dislikes. What did she say when her granny asked her about these foods?

	imád	szeret	nem szeret	utál
a	csoki torta			
b		málna		
c			fokhagyma	
d				káposzta

5 Can you help Dan? His mind often wonders and he's left out the verb endings in these sentences.

a Pezsgőt vagy fehér bort (te) isz_____?
b Jól (én) ismer_____ Londont.
c Ezt vagy azt (ti) kér_____?
d Most a magyarórán egy jó könyvet (mi) olvas_____.
e Honnan (ők) tud_____, hogy mikor jön Magyarországra Pelé?
f Mikor (mi) megy_____ a piacra?
g A csarnokban (te) vásárol_____ zöldséget és gyümölcsöt? [2]
h (Te) szeret_____ a lángost? [2]
i Miért nem a székre (te) ül_____?

🎧 Listening

07.04 Mrs Török is thinking of making a fruit salad. Follow her train of thought.

1 Which fruit does Rita hate?

2 Listen to her and complete the missing words.

Itt a nyár. Vasárnap _____ sült csirkét csinálok és a desszert _____
_____ lesz. De milyen gyümölcsöt _____ Rita? Nem _____
a szőlőt és _____ a banánt. Szerintem _____ szereti az almát,
mint a _____. _____ János nem eszik. Talán a _____ lehet
kiwit kapni, azt mindenki _____ a családban. De nyáron nincs kiwi.
Hm. Talán inkább _____ sütök. Azt Rita is és János is szereti.

> Two or more singular subjects usually take a singular verb in Hungarian.

> **VOCABULARY**
> **süt vmit** *fry sg*; **Rita is és János is** *both Rita and János*

 Conversation 2

Mrs Török is doing her weekend shopping at the market.

1 Listen to her conversation with the greengrocer. Why doesn't she buy strawberries?

Zöldséges	Tessék parancsolni!
Törökné	Jó napot kívánok! Másfél kiló krumplit és fél kiló paradicsomot kérek.
Zöldséges	Tessék. Más valamit?
Törökné	Igen. Negyed kiló gombát és egy szép, nagy zöldpaprikát is, legyen szíves.
Zöldséges	Melyik paprikát parancsolja?
Törökné	Ezt kérem. Igen, ez jó lesz. Mennyibe kerül az eper?
Zöldséges	Négyszáz forint tíz deka.
Törökné	Hm. Még nagyon drága. Akkor inkább egy kiló almát és hat banánt kérek.
Zöldséges	Tessék.
Törökné	Látom, van bio tojás is. Hatot, legyen szíves.
Zöldséges	Még valamit?
Törökné	Köszönöm, mást nem kérek. Mennyit fizetek?
Zöldséges	Háromezer-kétszáz forintot kérek.
Törökné	Tessék.
Zöldséges	Köszönöm. Szép napot!

> **Más valamit?** and **Még valamit?** *Anything else?* are interchangeable.

> **Még nagyon drága.** *It's still very expensive.* Home-grown fruit is seasonal in Hungary.

> **VOCABULARY**
>
> **másfél** *one and a half;* **fél** *half;* **negyed** *quarter;* **zöldpaprika** *green pepper;* **melyik?** *which?;* **deka** *10 grams;* **lát vkit, vmit** *see sy, sg;* **mást nem kérek** *I don't want anything else;* **Szép napot!** *Have a nice day.*

2 Now read this short summary of Mrs Török's shopping trip and identify the three factual errors in it. Correct the mistakes.

Reggel van. Törökné a piacon vásárol. Másfél kiló burgonyát, fél kiló paradicsomot és negyed kiló gombát kér. Egy szép, nagy pirospaprikát is szeretne. Sajnos epret nem tud venni, mert még túl drága: négyszáz forint egy kiló. Ezért inkább almát és banánt vesz. A piacon van bio tojás is. Törökné hatot vásárol. Mást nem kér. Háromezer-kétszáz forintot fizet.

> **Epret** is the accusative form of **eper**.

vesz vmit *buy sg;* **venni** *to buy*

3 07.06 **Listen to the conversation line by line and repeat. Then listen to the greengrocer's lines and respond as if you were Mrs Török.**

4 Read the conversation again and find the Hungarian translation of:
   a green peppers
   b What can I do for you?

Learn more 2

1 COLOURS

These answer the question **Milyen színű …?** *What colour …?*

piros, vörös	*red*	**kék**	*blue*	**zöld**	*green*
sárga	*yellow*	**barna**	*brown*	**szürke**	*grey*
fekete	*black*	**fehér**	*white*	**lila**	*purple*
narancssárga	*orange*	**rózsaszín**	*pink*	**bordó**	*maroon*

Use **vörös** when talking about wine and hair colour.

2 TESSÉK

This is a multi-purpose expression. It means all of the following:
▶ *What can I do for you?* in a shop;
▶ *Here you are* when handing something to someone;
▶ *Come in* when answering a knock at the door;
▶ *Hello* when answering the phone;
▶ *Take a seat* when pointing to a chair;

▶ *Would you like to sit down?* when giving up your seat to somebody;

▶ *You go first* when letting someone enter first;

▶ *Pardon?* when turning it into a question.

Tessék parancsolni is sometimes used instead of just **tessék** in formal situations by people providing some service.

3 WEIGHTS

Fruit, meat, bread and most vegetables are bought by the **kiló** (abbreviated as **kg**) in Hungary. (One kilogramme is 2.2 pounds.) Typical amounts used are **negyed kiló** *a quarter of a kilo*, **fél kiló** *half a kilo*, **háromnegyed kiló** *three quarters of a kilo*, **egy kiló** *one kilo*, **másfél kiló** *one and a half kilos*, etc. For smaller quantities use **deka** (short for **dekagram**). (One dekagram is 10 grams.) Grams are not used when shopping in Hungary.

 Practice 2

1 Answer these questions in full sentences.
   a Milyen színű a citrom?
   b Milyen színű a narancs?
   c Milyen színű a tej?
   d Milyen színű a borsó?
   e Milyen színű a málna?
   f Milyen színű a szilva?

 2 Now give your own answers to these questions.
   a Milyen gyümölcsöt szeret?
   b Milyen zöldséget utál?
   c Szereti a sült kolbászt? [2]
   d Ismeri a tokajit? [2]
   e A palacsintát vagy a gyümölcs salátát szereti jobban?

Test yourself

Which is correct?

1   a   Szeretem a sárgabarackot.
    b   Szeretek az őszibarackot.
2   a   Szereted takarítani?
    b   Szeretsz takarítani?
3   a   Bea jobban szereti az uborkát, mint a retket.
    b   Bea nagyon szereti az uborkát, mint a retket.
4   a   Értetek, hogy miért jobb a csarnokban vásárolni?
    b   Értitek, hogy miért jobb a csarnokban vásárolni?
5   a   Holnap reggel a repülőtérbe kell menni.
    b   Holnap délelőtt a repülőtérre kell menni.
6   a   Milyen film jön a moziban?
    b   Milyen film megy a moziban?
7   a   Mi lesz ma ebédelni?
    b   Mi lesz ma ebédre?
8   a   Lángost kérem.
    b   Lángost kérek.
9   a   Kipróbáljuk a salátát ecettel és olajjal.
    b   A salátát ecettel és olajjal eszünk.
10 a   A sárgarépa sárga színű zöldség.
    b   A sárgarépa narancssárga színű zöldség.

SELF CHECK

I CAN ...
○ ... buy some fruit and vegetables.
○ ... express my likes and dislikes.
○ ... express my preferences.

8 *Van paprikás szalámi?*

Is there any paprika salami?

In this unit you will learn how to:

▶ *do some more shopping for food.*
▶ *express uncertainty.*

CEFR (A2): *Can handle numbers, quantities, cost, etc.*

 ## Shopping

There are quite a few big **szupermarket** (supermarket(s)) in Hungary. These are usually located outside the city centre. In inner city areas and villages people still do most of their shopping in small shops like **pék** (*baker's*), **zöldség-gyümölcs** (*greengrocer's*), **hentes** or **húsbolt** (*butcher's*) and **közért** (*grocer's*).

Budapest has plenty of **bevásárlóközpont** (*shopping centre(s)*), where you can find most of the well-known international brand names. These are very popular with young people, who come not just for shopping but to enjoy themselves with their friends at the cinema, bars, etc.

The **karácsonyi vásár** (*Christmas fair*) in Budapest is becoming more and more popular with Hungarians and tourists alike. You can buy Hungarian-style arts and crafts here, which you wouldn't see anywhere else. These often highly original goods, combining traditional motifs with modern design, make excellent presents.

 Húsbolt literally means *meat shop*. Can you work out the Hungarian word for *shop*?

Vocabulary builder

08.01 **Look at the Hungarian words and phrases and complete the missing English expressions. Then listen and repeat.**

AT THE GROCER'S

eidami sajt	Edam _____
prágai sonka	Prague _____
téliszalámi	'winter' _____
paprikás szalámi	_____
fokhagymás szalámi	_____
gyulai kolbász	gyulai _____
házikolbász	home-made _____

> The salamis and sausages listed are Hungarian specialities.

AT THE BAKER'S

fehér kenyér	_____
barna kenyér	_____
péksütemény	bakery product (lit. baker's pastry)
kifli	crescent-shaped bread
zsemle	roll
kalács	milk loaf
kakaós csiga	chocolate 'snail'
pogácsa	savoury scone

AT THE BUTCHER'S

disznóhús	pork (colloquial)
zsíros hús	fatty meat
sovány hús	lean meat
pulykamell	turkey breast
főtt kolbász mustárral	boiled sausage with mustard

NEW EXPRESSIONS

Mit parancsol?	What would you like?
Melyiket kéri?	Which one do you want?
Szeletelve?[2]	Sliced?
azt hiszem	I think, I believe (but I'm not sure)
nem lesz más	there won't be anything else
Megnézem.	I'll have a look (at it).

8 *Van paprikás szalámi? Is there any paprika salami?*   109

| rakott krumpli | *potato hotpot* (Hungarian dish) |
| Egy párat, legyen szíves. | *A pair, please.* |

Conversation 1

08.02 On Saturday morning Mr Márkus is shopping. He enters a grocery and goes to the delicatessen counter.

1 Listen to the conversation. Why does Mr Márkus buy gyulai sausage?

Eladó	Tessék, uram. Mit parancsol?
Márkus úr	Huszonöt deka eidami sajtot és tizenöt deka prágai sonkát kérek.
Eladó	A sonka 17 deka. Jó lesz?
Márkus úr	Igen, és szalámit is kérek.
Eladó	Milyen szalámit parancsol?
Márkus úr	Van paprikás szalámi?
Eladó	Sajnos nincsen. Csak téliszalámi és fokhagymás szalámi van. Melyiket kéri?
Márkus úr	Mennyibe kerül most a téliszalámi?
Eladó	Négyszázhúsz forint tíz deka.
Márkus úr	Hm. Elég drága, de a feleségem nagyon szereti. Tíz dekát, legyen szíves.
Eladó	Szeletelve?
Márkus úr	Igen.
Eladó	Tessék. Más valamit?
Márkus úr	Azt hiszem, nem lesz más. Egy pillanat! Megnézem.
(Looking at his shopping list)	
	Á, igen. A feleségem gyulai kolbászt is kér. Ezt tesszük majd a rakott krumpliba. Egy párat, legyen szíves.
Eladó	Tessék.
Márkus úr	Köszönöm.

> **VOCABULARY**
>
> **eladó** *sales person*; **nincsen** is the longer form of **nincs**; **a feleségem** *my wife*; **a feleséged** *your wife*; **a felesége** *his wife*

2 Fill in the missing words.

    a Márkus úr huszonöt deka _____ vásárol.

    b Tizenöt deka prágai _____ is kér.

    c A boltban sajnos _____ paprikás szalámi.

    d A téliszalámi elég drága, _____ forint tíz deka.

    e Márkus úr _____ kéri a téliszalámit.

    f Márkus úr felesége _____ kolbászt kér a _____ krumpliba.

    g Ezért Márkus úr egy _____ gyulai kolbászt is vesz.

3 What do you think?

    a Why does Mr Márkus decide to buy winter salami?

    b How does he want to have it?

4 08.03 **Now listen to the conversation line by line and repeat it. Then listen to the salesgirl's lines and respond as if you were Mr Márkus.**

Language discovery

Read the conversation again and answer the questions.

1 What is the Hungarian equivalent of these phrases?

    a Which one do you want?

    b We'll put this into potato hotpot.

2 Now find these phrases in Hungarian.

    a What can I do for you, sir?

    b **Gyula** is the name of a Hungarian town. **Gyulai kolbász** is a sausage from **Gyula**. How would you say *fish soup from Szeged*?

Learn more 1

1 THE DEFINITE AND THE INDEFINITE CONJUGATIONS

The question words **kit**, **mit**, **hány**, **hányat**, **mennyit**, **milyen**, **milyent** require the indefinite conjugation.

Milyen szalámit parancsol?   *What kind of salami would you like?*

The question words **melyik**, **melyiket** (i.e. those containing **-ik**) are used with the definite conjugation.

Melyiket kéri?   *Which one do you want?*

2 SIBILANT VERBS IN THE DEFINITE CONJUGATION

With these, the **j** of the ending changes to the sibilant:

s + j = ss

z + j = zz

sz + j = ssz

dz + j = ddz

Here is how they conjugate:

(én)	olvasom	teszem	főzöm
(te)	olvasod	teszed	főzöd
(ő)	olvassa	teszi	főzi
(mi)	olvassuk	tesszük	főzzük
(ti)	olvassátok	teszitek	főzitek
(ők)	olvassák	teszik	főzik

3 PRONUNCIATION CHANGES IN THE DEFINITE CONJUGATION

To make pronunciation easier the following changes occur:

spelling	pronunciation	example of spelling	example of pronunciation
d + j	ggy	tudja	(tuggya)
n + j	nny	köszönjük	(köszönnyük)
t + j	tty	látjátok	(láttyátok)
l + j	jj	parancsolják	(parancsojják)

4 ADDRESSING CUSTOMERS

In shops, etc. customers are often addressed as **hölgyem** *my lady* or **uram** *my sir.*

Mit parancsol, uram?   *What would you like, sir?*

5 THE -I AND THE -S ENDINGS

These make adjectives from nouns and other words. (Adjectives are descriptive words like **szép** *beautiful* and **nagy** *big*; nouns name people or things like **nő** *woman*, **ház** *house*.)

   a The **-i** ending is used in:

▸ place expressions, e.g. **szegedi halászlé**, **gyulai kolbász.**

▸ time expressions, e.g. **a hétfői újság** *Monday's paper*, **a mai tárgyalás** *today's meeting.*

This ending is attached directly to the word.

b The **-s** ending is used to form adjectives from nouns, e.g. **csillag** *star* – **csillagos** as in **5 csillagos szálloda** *5 star hotel*.

It often expresses *with … in it*, e.g. **citromos tea** is *tea with lemon* and **paprikás csirke** is *chicken with ground red paprika in it*.

The **-s** requires a linking vowel when attached to words ending in a consonant, e.g. **citromos** *lemon*, **ködös** *foggy*.

Note that some of these adjectives have become nouns. E.g. **tokaji** is the name of the wine from Tokaj; **fotós**, **taxis**, **recepciós**, **zöldséges**, etc.

Practice 1

1 Give the correct forms of the verbs in the questions.

a Mit (ti) olvas_____?
b Melyik kolbászt (ön) parancsol_____?
c Milyen szalámit vásárol_____ Márkus úr?
d Melyiket (te) szeret_____?
e Kit (te) néz_____?
f Hány palacsintát (ti) akar_____?
g Mennyit (én) fizet_____?

2 Conjugate these sibilant verbs in the definite conjugation.

a mos
b magyaráz
c iszik
d eszik
e hisz
f néz

3 Add the correct ending, where necessary.

a Hol van a ma_____ újság, Jenő?
b Ma_____ este jó film megy a TV-ben.
c A január_____ hidegben nem sok ember jár úszni.
d Január_____ jön Magyarországra Alex?
e Mi lesz a vasárnap_____ ebéd?
f Mi lesz vasárnap_____ ebédre?
g Szeged_____ vagy te is? [2]
h Szeged_____ laktok? [2]
i Mikor megyünk Szeged_____?

4 Choose the correct word to complete each sentence.

> ágyas almás meggyes esős
> húsos jeges sajtos
> sonkás napos kakaós

a Te az _____ vagy a _____ rétest szereted jobban?
b Egy vagy két _____ szobát parancsol?
c Van _____ csiga? [2]
d Egy _____ és egy _____ szendvicset, legyen szíves.
e Pénteken _____, de szombaton már _____ idő lesz.

f Amikor nagyon meleg van, _____ kávét
vagy _____ teát szeretek inni.

g Ismeritek a hortobágyi _____ palacsintát? [2]Nagyon finom!

> **Hortobágy** is the Hungarian **puszta** _prairie_ in the north east.

> **VOCABULARY**
> **jeges** _icy_; **rétes** _strudel_

5 **You are buying some cold meats and cheese at the delicatessen counter for the weekend. Fill in your part of the conversation.**

Eladó	Tessék parancsolni!
You	**a** _Ask her if there's any Prague ham._
Eladó	Igen, van. Mennyit parancsol?
You	**b** _Ask for 200 grams._
Eladó	Huszonkét deka. Jó lesz?
You	**c** _Tell her that it'll be fine._
Eladó	Még valamit?
You	**d** _Tell her that you would like some typical Hungarian sausage._
Eladó	Van gyulai kolbász, fokhagymás kolbász vagy házikolbász.
You	**e** _Tell her that you already know gyulai sausage and unfortunately you don't like garlic._
Eladó	A házikolbász nagyon finom, de egy kicsit csípős. Nem baj?
You	**f** _Say 'no'. Ask for a pair._
Eladó	Más valamit?
You	**g** _Thank her and tell her that you don't want anything else._

> **VOCABULARY**
> **csípős** _spicy hot_

 Listening

6 08.04 *After the grocery store Mr Márkus goes to his favourite bakery.*

1 **Why does Mr Márkus buy some rolls?**

2 **Listen to his conversation with the baker. Complete the missing words.**

a Pék Jó _____, Márkus úr! Hogy van?

b Márkus úr Megvagyok, _____ úr. Egy két _____ kenyeret, legyen szíves.

c Pék Melyiket _____?

d Márkus úr Azt _____. Igen, azt.

e Pék Friss és finom a sajtos pogácsa. Kér?

f Márkus úr Tudja, hogy a feleségem _____. Harminc dekát, legyen szíves.

g Pék Más valamit?

h Márkus úr Igen, hat _____ is kérek. Holnap _____ megyünk a _____ hegyekbe. A rádió szerint szép, _____ idő lesz.

i Pék _____. Hiszen már _____ van. Kér még valamit, Márkus úr?

j Márkus úr Köszönöm, _____nem kérek. Mennyit _____, Pogácsa úr?

k Pék _____ forintot kérek.

> **VOCABULARY**
>
> **pék** *baker*; **kenyeret** is the accusative form of **kenyér** *bread*

Conversation 2

08.05 *Finally Mr Márkus goes to the butcher's.*

1 Listen to their conversation. What does Mr Márkus eat at the butcher's?

Hentes	Tessék, uram. Mit parancsol?
Márkus úr	Háromnegyed kiló disznóhúst kérek. De a múltkor nagyon zsíros volt és a feleségem mérges volt.
Hentes	Ez nem zsíros, uram. Szép sovány. Látja?
Márkus úr	Látom. Jó lesz. Tudja, a feleségem csak a sovány húst szereti. Van pulykamell?
Hentes	Igen.
Márkus úr	Kettőt, legyen szíves. Nem azt, hanem balra a másodikat kérem.
Hentes	Tessék. Még valamit?
Márkus úr	Igen, kérek húsz deka főtt kolbászt is mustárral.
Hentes	Itt fogyasztja, uram?
Márkus úr	Igen. Éhes vagyok, mint egy farkas. Egész délelőtt vásárolni voltam. Mielőtt hazamegyek, a kocsmában majd iszom egy fröccsöt is.

> ## VOCABULARY
>
> **hentes** *butcher*; **a múltkor** *last time*; **mérges** *angry*; **balra** *on the left*; **fogyaszt vmit** *consume sg*; **farkas** *wolf*; **mielőtt hazamegyek** *before I go home*; **kocsma** *pub, tavern*; **fröccs** *spritzer*

2 What questions would you ask Mr Márkus to get the following answers?

a Háromnegyed kilót, legyen szíves.
b Mert a hús zsíros volt.
c A feleségem csak a sovány húst szereti.
d Igen, mustárral kérem.
e Mert egész délelőtt vásárolni voltam.
f A kocsmában iszom majd egy fröccsöt.

 3 08.06 Listen to the conversation line by line and repeat. Then listen to the butcher's lines and respond as if you were Mr Márkus.

4 Read the conversation again and find the Hungarian translation of:

a I want the second one
b I was out shopping
c I go home

Learn more 2

1 ORDINAL NUMBERS (FIRST, SECOND, ETC.)

These answer the question **Hányadik?**

első	*first*	**huszadik**	*twentieth*
második	*second*	**harmincadik**	*thirtieth*
harmadik	*third*	**negyvenedik**	*fortieth*
negyedik	*fourth*	**ötvenedik**	*fiftieth*
ötödik	*fifth*	**hatvanadik**	*sixtieth*
hatodik	*sixth*	**hetvenedik**	*seventieth*
hetedik	*seventh*	**nyolcvanadik**	*eightieth*
nyolcadik	*eighth*	**kilencvenedik**	*ninetieth*
kilencedik	*ninth*	**századik**	*hundredth*
tizedik	*tenth*	**ezredik**	*thousandth*
tizenegyedik	*eleventh*		
tizenkettedik	*twelfth*		
tizenharmadik	*thirteenth*		

These numbers have a full stop after them, e.g. **1.** *1st*, **2.** *2nd*, etc.

Note that ordinal numbers require the definite conjugation:

Már az ötödik palacsintát eszi. *He is eating his fifth pancake already.*
Cardinal numbers (one, two, etc.) take the indefinite conjugation:

Két kiló almát veszek. *I am buying two kilos of apples.*

2 EXPRESSING SOME PAST ACTIONS

To express *I went to do something*, etc. use the past tense form of **lenni** *to be* and the infinitive:

Tegnap kirándulni voltunk. *Yesterday we went to do some hiking.*

3 HAZAMEGY *GO HOME*

Otthon *at home* answers the question **hol?** and **haza** *(to) home* answers the question **hová?**

Mari otthon van.	*Mari is at home.*
Jenő munka után hazamegy.	*Jenő goes home after work.*

4 FŐTT AND SÜLT

When you **főz vmit** *cook something* in water it becomes **főtt** *boiled*, e.g. **főtt kolbász** *boiled sausage*, **főtt krumpli** *boiled potato*. When you **süt vmit** *fry something* it becomes **sült** *fried*, e.g. **sült kolbász** *fried sausage*, **sült krumpli** *French fries*.

Note that the expressions **főz vmit** and **főtt** can also be used in a general sense:

Mit főzöl ebédre?	*What are you cooking for lunch?*
Délben főtt ételt eszünk.	*We eat a hot (i.e. a cooked) meal at noon.*

 Practice 2

1 **Who was where and why? Study the information and then answer in full sentences.**
   a Bruce, Róma, várost nézni
   b (én), étterem, vacsorázni
   c (mi), bevásárlóközpont, vásárolni
   d (ti), húsbolt, fokhagymás kolbászt venni
   e (ők), park, futni

 2 **Now give your own answers to these questions.**
   a Kíváncsi, milyen a kakaós csiga?
   b Szereti a zsíros húst? [2]
   c A sült vagy a főtt krumplit szereti jobban?
   d Melyik újságot olvassa?
   e Mikor éhes, mint egy farkas?

Test yourself

Which is correct?

1 **a** A hentes húsboltban dolgozik.
   b A hentes hentesboltban dolgozik.

2 **a** Melyik szalámit kér?
   b Melyik szalámit parancsolja?

3 **a** Milyen péksüteményt kér?
   b Milyen péksüteményt parancsolja?

4 **a** A gyulai kolbászt teszük a rakott krumpliba?
   b A gyulai kolbászt tesszük a rakott krumpliba?

5 **a** Mit parancsol, úr?
   b Mit kér, uram?

6 **a** Debreceni vagy?
   b Debrecenes vagy?

7 **a** Fut a parkban mielőtt aludni megy?
   b Fut a parkban miután aludni megy?

8 **a** Hányadik pogácsát eszi?
   b Hány pogácsát eszi?

9 **a** Tegnapelőtt sétál?
   b Tegnapelőtt volt sétálni?

10 **a** Vacsorára sült ételt eszünk.
    b Vacsorára főtt ételt eszünk.

SELF CHECK

	I CAN ...
○	... do some more shopping.
○	... express uncertainty.

9

Van egy fiam is
I also have a son

In this unit you will learn how to:
▶ *talk about your family.*
▶ *give your address and other details.*
▶ *describe houses and flats.*
▶ *express surprise.*

CEFR (A2): *Can describe in simple terms aspects of his background.*

 Family and friends

Extended family and friends are particularly **fontos** (*important*) to Hungarians. They are there to rely on in good times as well as in bad.

However, there are fewer **házas** (*married*) people these days. A lot of **fiatal** (*young*) people remain **szingli** (*single*) well into their thirties. Some people just live together and never get married. These do not have a **férj** (*husband*) or a **feleség** (*wife*) but a **partner** (*partner*). There are more **elvált** (*divorced*) people too.

Most families only have one or two children. Therefore Hungary has a declining population. **A tipikus magyar családban az apa is és az anya is dolgozik.** (*In a typical Hungarian family both the father and the mother are at work*). Traditionally **nagyapa** (*grandfather*) and **nagyanya** (*grandmother*) help out with young children. This often contributes to **öreg** (*old*) people feeling valued and useful.

A flat or a house is a prized commodity in Hungary. They are very expensive. Therefore a lot of young people and even some young families continue to live with their **szülők** *parents*.

Can you work out the words for *father* and *mother* from the text?

Vocabulary builder

09.01 **Look at the Hungarian words and phrases and complete the missing English expressions. Then listen and repeat.**

FAMILY

a családom/családod/családja (pron. csalággya)	*my/your/his, her family*
a feleségem/feleséged/felesége	*my/your/his* _____
a férjem/férjed/férje	_____ *husband*
a partnerem/partnered/partnere	*my/your/his, her* _____
a gyerekem/gyereked/gyereke	*my/your/his, her* _____
a fiam/fiad/fia	_____ *son*
a lányom/lányod/lánya	_____ *daughter*
az anyám/anyád/anyja (pron. annya)	_____
az apám/apád/apja	_____
a szüleim/szüleid/szülei	*my/your/his, her parents*
a testvérem/testvéred/testvére	_____ *sibling* (can be a brother or a sister)
a nagyanyám/nagyanyád/nagyanyja	_____
a nagyapám/nagyapád/nagyapja	_____
a nagyszüleim/nagyszüleid/nagyszülei	_____
az unokám/unokád/unokája	_____ *grandchild*

HOUSING

egyszobás lakás	*a one-room flat*
kétszobás lakás	_____
kertes ház	_____
konyha	_____
hálószoba	*bed* _____
nappali(szoba)	*living* _____
előszoba	*hall*
fürdőszoba	_____
WC (pron. vécé)	_____
dolgozószoba	_____

NEW EXPRESSIONS

Az a maga kislánya? [2]	*Is that your little daughter?*
Nagyon aranyos!	*She is very sweet/cute!*

Iskolás már, ugye?	*She already goes to school, doesn't she?*
Hányadik osztályba jár?	*Which class is she in* (lit. *does she go to)?*
Tényleg? [1]	*Really?*
De gyereke biztos van.	*But surely you have children* (lit. *child)*
nem akar megházasodni	*he doesn't want to get married*
Azt mondja, még ráér.	*He says there's still time* (lit. *he still has time).*
Még minden lehet!	*Anything is possible!* (lit. *Everything is still possible!)*

 Conversation 1

09.02 *Anikó is chatting to an old lady in the park while her daughter is playing nearby.*

1   Listen to the conversation. How many children has Anikó got?

Anikó	Szabad?
Néni	Tessék. Az a maga kislánya?
Anikó	Igen.
Néni	Nagyon aranyos! Iskolás már, ugye? Hányadik osztályba jár?
Anikó	Másodikba. Itt van a néni unokája is?
Néni	Sajnos nincs unokám, pedig már hatvannyolc éves vagyok.
Anikó	Tényleg? De gyereke biztos van.
Néni	Van egy fiam meg egy lányom. A fiam egy osztrák bankban dolgozik. Harminchét éves, de sajnos nem akar megházasodni. Azt mondja, még ráér.
Anikó	És a lánya?
Néni	A lányom már harminchárom éves, elvált és nincs gyereke. Pedig nagyon szeretnék egy unokát.
Anikó	Még minden lehet! Itt lakik a néni a közelben?
Néni	Igen, van egy szép kis lakásom a Mese utcában. Másfél szobás. A férjem sajnos már nem él. Egyedül vagyok a kutyámmal. Csak egy kislánya van?
Anikó	Nem, van egy fiam is. Ő már tizenöt éves. Most edzésen van, focizik.

> **Másfél szobás** (lit. *one and a half room*) means that the flat has one normal size room and a box room.

2 **What would the old lady answer to these questions?**
   a Hány gyereke van?
   b Hol dolgozik a fia?
   c Hány éves a lánya?
   d Van unokája? [?]
   e Hol lakik?
   f Milyen a lakása?
   g Él még a férje? [2]

3 **What do you think?**
   a Which class is Anikó's daughter in?
   b How old is her son?

 4 09.03 **Now listen to the conversation line by line and repeat it. Then listen to Anikó's lines and respond as if you were the old lady.**

Language discovery

Read the conversation again and answer the questions.

1 **What is the Hungarian equivalent of these phrases?**
   a your little daughter
   b I have a son

2 **Now find these phrases in Hungarian:**
   a he is already dead (lit. *he is not alive any more*)
   b I am not young any more

Learn more 1

1 SINGULAR POSSESSIVE ENDINGS

The English words *my, your, his, her,* etc. in Hungarian are expressed with possessive endings.

If a word ends in a vowel the possessive ending comes straight after it:

Back vowel words		Front vowel words	
autóm	*my car*	**reggelim**	*my breakfast*
autód	*your car*	**reggelid**	*your breakfast*
autója	*his/her car*	**reggelije**	*his/her breakfast*

Note that the final **a** and **e** change to **á** and **é** before possessive endings, etc. **kutyám** *my dog* and **zsemlém** *my roll*, etc.

Back vowel words ending in a consonant take either an **a** or an **o** linking vowel before possessive endings:

Back vowel words			
barátom	*my friend*	**házam**	*my house*
barátod	*your friend*	**házad**	*your house*
barátja (pron. baráttya)	*his/her friend*	**háza**	*his/her house*

Unfortunately there is no rule as to which linking vowel to use. Luckily, the same linking vowel is used before the accusative ending as well, e.g. **barátom**, **barátot**, **házam**, **házat**.

Front vowel words ending in a consonant take the **e** or the **ö** linking vowel:

Front vowel words		Front vowel words whose final vowel is ö, ő, ü or ű	
kertem	*my garden*	**söröm**	*my beer*
kerted	*your garden*	**söröd**	*your beer*
kertje (pron. kertye)	*his/her garden*	**söre**	*his/her beer*

In the third person singular the possessive ending after a consonant is either **-a/-ja** or **-e/-je**. Again, there is no rule as to which form to choose, so you must simply learn which ending to use with each word. In the Hungarian–English vocabulary you will find in brackets the singular possessive endings for words that end in a consonant as well as any irregular forms.

You usually need the definite article before a possessive form:

a férjem *my husband*

However, the indefinite article can also be used:

egy barátom *a friend of mine*

For the formal address use the third person form:

Hol dolgozik a fia? *Where does your son work?*

2 I HAVE (POSSESSION)

To express this phrase use **van** or **nincs** and the relevant possessive form.

van/nincs fiam	*I have/haven't a son*
van/nincs fiad	*you have/haven't a son*
van/nincs fia	*he/she has/hasn't a son*

Remember that word order is always determined by the focus of the sentence.

Van fiam.	*I have a son.*
Fiam van.	*I have a son* (i.e. not a daughter).

3 MÁR AND MÉG

These have quite a few meanings:

már	already, before	**már nem**	not any more, not any longer
még	still	**még nem**	not yet

Voltál már Bécsben?	*Have you been to Vienna before?*
A férjem már nem él.	*My husband is not alive any more.*
Még mérges vagy? [2]	*Are you still angry?*
Még nem voltam Pécsen.	*I haven't been to Pécs yet.*

4 RÁÉR HAVE THE TIME

When negating this verb it gets split up:

Ráérsz? [1]	*Have you got some time?*
Sajnos most nem érek rá.	*Unfortunately I haven't got the time now.*

5 NÉNI AND BÁCSI

An elderly woman is often addressed as **néni** *aunt* and an elderly man as **bácsi** *uncle*. You can also use these words with first names or surnames, e.g. **Nagy néni** or **Kati néni** and **Nagy bácsi** or **Lajos bácsi**.

6 EGYSZOBÁS LAKÁS

A lot of flats and houses do not have a separate living room in Hungary. It's often the parents' bedroom that doubles up as the living room during the day. Therefore sofa beds are popular.

Practice 1

1 Dan can't work out how to say the following in Hungarian. Can you help him?

a My husband is a doctor.

b Does your wife work here? (fam.)

c My father is 58 years old.

d My grandparents live nearby.

e Have you got any children? (form.)

2 Liz is uncertain. Should she put már or még in these sentences? Help her.

a A fiam _____ tizenhat éves!

b Sajnos a nagyszüleim _____ nem élnek.

c _____ 9 óra van. Te _____ ágyban vagy? [2]

d _____ nem voltunk Moszkvában.

e Esik _____ az eső? [2] Szeretnék hazamenni.

f _____ nincs kész a vacsora.

> **VOCABULARY**
>
> **Moszkva** Moscow; **kész** ready, finished

3 Bori is talking about her family. Read her short account and answer this question. Ki Karcsi? *Who is Karcsi?*

A férjem Péter. Ő már negyvenhat éves. Egy ügyvédi irodában dolgozik Budán. Van egy kisfiam. A neve Marci. Marci még csak három éves és még otthon van velem. Délelőtt általában sétálunk vagy játszunk. Marci nagyon szereti Karcsit és Karcsi is imádja Marcit. Marci és Karcsi két igazi jó barát. Sokat játszanak együtt. Amikor Marci ebéd után alszik, próbálok egy kicsit takarítani, mosni. De nem lehet. Karcsi nagyon szomorú, amikor Marci nincs ott. Olyan, mint egy kisgyerek, a második gyerekem. Nem szeret egyedül lenni. Muszáj vele játszani. Nehéz kutya!

> **VOCABULARY**
>
> **ügyvéd** solicitor; **velem** with me; **igazi** real, true; **együtt** together; **próbál vmit** try sg; **szomorú** sad; **olyan, mint ...** is like ...; **vele** with him/her

4 Match the questions and the answers.

a Van fiútestvéred? [2]   **1** Sajnos még nincs.

b Fiútestvéred van? [2]   **2** Sajnos már nem.

c Veled lakik még a lányod? [2]   **3** Nincs, csak lánytestvérem van.
d Van már unokád? [2]   **4** Nem, csak lánytestvérem van.

> **VOCABULARY**
> **fiútestvér** *brother;* **lánytestvér** *sister;* **veled** *with you*

 # Listening

09.04 Enikő is being interviewed by a teacher to see if she qualifies for a free summer camp for children.

1 What does Enikő usually do after school?

2 Listen to the interview. Complete the missing words.

a	Tanár	Hányadik _____ jársz, Enikő?
b	Enikő	_____.
c	Tanár	_____ dolgoznak?
d	Enikő	Az édes _____ otthon van, az édes _____ pedig rendőr volt. De most munkanélküli.
e	Tanár	Van _____?
f	Enikő	Igen, két testvérem van. A kis Attila _____ csak hét hónapos.
g	Tanár	És hol laktok?
h	Enikő	Egy régi, _____ házban. A _____ is ott laknak.
i	Tanár	Van _____ a házban?
j	Enikő	Igen, és van egy kis _____ is.
k	Tanár	Hogy megy az _____? Jól tanulsz?
l	Enikő	Nem nagyon.
m	Tanár	Mit csinálsz iskola után, amikor _____?
n	Enikő	Általában segítek a _____ _____. Édesanyám sajnos gyakran beteg.
o	Tanár	És mikor tanulsz?
p	Enikő	Csak este, de nem mindig _____ _____, mert vacsora után általában mosogatok.

> **Az édesanyám** (lit. *my sweet mother*) and **az édesapám** (lit. *my sweet father*) are more affectionate and courteous ways of referring to one's parents. They are often used by children and women.

> **VOCABULARY**
> **szociális munkás** *social worker;* **rendőr** *policeman;* **munkanélküli** *unemployed;*
> **Hogy megy az iskola?** *How are you doing at school?* (lit. *How is school going?*); **beteg**
> *ill;* **mosogat** *wash up the dishes*

# Conversation 2

09.05 *Miklós and Mónika have spent two weeks together in a summer camp. Before going home they exchange addresses.*

1 Listen to the conversation. Where does Mónika's friend live?

Mónika	Milyen városban laksz?
Miklós	Budapesten.
Mónika	A barátnőm is ott lakik! Te hányadik kerületben laksz?
Miklós	A harmadikban.
Mónika	Milyen utcában?
Miklós	A Kossuth Lajos utca négyben. Tudod, hol van?
Mónika	Nem, a barátnőm a IX. kerületben lakik Pesten. Hányadik emeleten laksz?
Miklós	A másodikon.
Mónika	És mi a telefonszámod?
Miklós	06 20 417 3872. És te hol laksz?
Mónika	Tessék, itt a címem: Képes Mónika, 7621 Pécs, Erika utca 11. A telefonszámom pedig: 72 123 657. Itt van az e-mail címem is: kmonika@gmail.com .
Miklós	Kösz, majd írok.

> **VOCABULARY**
>
> **barátnő** *female friend, girlfriend*; **kerület** *district*; **utca** *street*; **emelet** *floor*; **telefonszám** *telephone number*; **cím** *address*

2 What would Mónika answer to these questions?

  a Milyen városban laksz?
  b Milyen utcában laksz?
  c Az Erika utca hányban laksz?
  d Mi az irányítószámod?
  e Mi a telefonszámod?
  f Mi az e-mail címed?

> **VOCABULARY**
>
> **irányítószám** *post code* (lit. *directing number*)

3 09.06 **Listen to the conversation line by line and repeat. Then listen to Mónika's lines and respond as if you were Miklós.**

4 Read the conversation again and find the Hungarian translation of:
   a in the 9th District
   b Kossuth Lajos street

Learn more 2

1 POSTAL ADDRESSES

When reading these, use ordinal numbers for districts and floor levels. These are written in Roman numerals:

II. kerület   *2nd District*   **III. emelet**   *3rd floor*

For numbers of houses and blocks of flats as well as the post code use cardinal numbers, e.g. **Erika utca 11.** *No. 11 Erikai Street.* Note that a full stop is used after the number here.

Post codes in Hungary have four digits. You can either read them in groups of twos, e.g. **hetvenhat-huszonegy** or as a full number, e,g, **hétezer-hatszázhuszonegy**.

2 STREET NAMES

A lot of streets and institutions are named after famous people in Hungary. As some Hungarian family names retain their traditional spelling you will need to know how to pronounce them. Here are some traditional letters with their pronunciations:

Traditional spelling	**y**	**ch/ts**	**cz**	**th**	**w**
Pronounced	i	cs	c	t	v

To be able to read street names you will need to know some key words:

utca (pron. ucca)	*street*	**út**	*road*
tér	*square*	**körút**	*boulevard* (lit. *circle road*)

3 TELEPHONE NUMBERS

These are either seven or six digit numbers, e.g. 123 9872; 456 123. You can read them out like this:

egy-huszonhárom-kilencvennyolc-hetvenkettő or
százhuszonhárom-kilencvennyolc-hetvenkettő;
négy-ötvenhat-egy-huszonhárom or
négyszázötvenhat-százhuszonhárom

If you call a mobile you need to start with 06 or +36 then give the code of the service provider (e.g. 20) followed by the actual number.

4 EMAIL ADDRESSES

@ is read out as **kukac** *worm* and a full stop as **pont** *dot*.

Note that you might have to spell your email address.

 Practice 2

1 Read out these well-known Budapest street names.

  a Rákóczi út
  b Vörösmarty tér
  c Madách tér
  d Wesselényi utca

 2 Read out the names of Anikó's friends and their telephone numbers.

  a Takáts Mariann: 045 8654
  b Horváth Tamás: 345 601
  c Szombathy Ágnes: 674 3489
  d Méhes Csaba: 913 040

 3 Now give your own answers to these questions.

  a Mi a telefonszáma?
  b Mi az e-mail címe?
  c Mi az irányítószáma?

🔲 Test yourself

Which is correct?

1   **a**   Öreg vagyok én már!
     b   Régi vagyok én már!

2   **a**   Mi az anyája foglalkozása?
     b   Mi az anyja foglalkozása?

3   **a**   Egy másfél szobás lakásban másfél szoba van.
     b   Egy másfél szobás lakásban egy nagy és egy kicsi szoba van.

4   **a**   Apám minden este a dolgozószobában mosogat.
     b   Apám minden este a dolgozószobában ül és könyvet ír.

5   **a**   Panni még csak első osztályba jár.
     b   Panni még csak egy osztályba jár.

6   **a**   Hány gyereked vagy?
     b   Hány gyereked van?

7   **a**   A nagyapám sajnos még nem él.
     b   A nagyapám sajnos már nem él.

8   **a**   Sajnos most nem érek rá.
     b   Sajnos most nem ráérek.

9   **a**   A telefonszámom: egy-kettő-öt-hat-nulla-kilenc.
     b   A telefonszámom: százhuszonöt-hatszázkilenc.

10   **a**   Hány emeleten laktok?
      b   Hányadik emeleten laktok?

SELF CHECK

	I CAN ...
●	... talk about my family.
●	... give my address, telephone number and e-mail address.
●	... express surprise.

10

Jössz este moziba?
Are you coming to the cinema tonight?

In this unit you will learn how to:
▶ *invite someone out.*
▶ *use public transport.*
▶ *make telephone calls.*
▶ *make suggestions.*

CEFR (A2): *Can make arrangements to meet, decide where to go and what to do.*

Getting around

Most Hungarian cities and towns have an efficient public transport system. Budapest especially so. The **metró** (*underground*) has four lines. These are called **egyes**, **kettes**, **hármas** and **négyes metró**. You can also get around by **busz** (*bus*), **villamos** (*tram*) and **trolibusz** (*trolley bus*). A **HÉV** (*local train*) will take you to small towns outside Budapest like Szentendre and Gödöllő, both popular tourist destinations. You can even travel by **hajó** (*boat*) on the **Duna** (*Danube*). More and more people choose to cycle. There are quite a few **kerékpárút** (*bicycle lanes*) in the city.

If you want to travel around by public transport you will need a **jegy** (*ticket*). You can use this for all means of transport during a single journey in Budapest. Don't forget to validate it as you will have to pay a steep fine should you be caught by a ticket inspector. If you travel around a lot you might want to buy a **napijegy** (*daily travelcard*), **hetijegy** (*weekly travelcard*) or a **30 napos jegy** (*30 day travelcard*). Children under six and EU citizens aged 65 and over can travel free of charge in Budapest. All you need is some identification showing your age.

Kerék means *wheel*. So what is the literal translation of **kerékpár** the official word for *a bicycle*? The colloquial term is **bicikli**. How would you say *bicycle lane* in everyday Hungarian?

Vocabulary builder

10.01 **Look at the Hungarian words and phrases and complete the missing English expressions. Then listen and repeat.**

GETTING AROUND

metróval	*by underground /metro*
kocsival	*by car*
autóval	_____
hajóval	_____
biciklivel	_____
busszal	_____
trolibusszal	_____
villamossal	_____
HÉV-vel	_____
vonattal	*by train*
repülőgéppel	_____
repülővel (colloquial)	_____

MAKING TELEPHONE CALLS

Halló.	_____
John Smith vagyok.	*This is John Smith speaking.*
Kivel beszélek?	*Who am I speaking to?*
Te vagy az, Kata?	*Is that you Kata?*
Kata otthon van? [2]	*Is Kata in (i.e. at home)?*
Nagy Lászlóval szeretnék beszélni.	*I would like to speak to László Nagy.*
mellék	*extension*
A húszas melléket, legyen szíves.	*Extension No. 20, please.*
Viszonthallásra!	*Goodbye (lit. until we hear from each other)*

NEW EXPRESSIONS

Mi van?	*What's up?*
Milyen film megy?	*What film is on? (lit. what film is going?)*
a címe	*it is called (lit. its title)*
Este 8-kor kezdődik.	*It starts at 8 o'clock in the evening.*
Az nagyon jó lesz!	*That will be very nice.*
Csak egy baj van.	*There's only one problem.*
Az állatorvos 5.30-kor rendel.	*The vet receives patients at 5.30.*

Nem érek oda.	I won't get there on time.
Máris indulok.	I'll leave straight away.
Fél óra múlva ott leszek.	I'll be there in half an hour.

Conversation 1

10.02 *Tamás is ringing Kata his girlfriend to invite her to the cinema.*

1 Listen to the conversation. How are they going to get to the cinema?

Tamás	Halló! Te vagy az, Kata?
Kata	Szia, Tamás! Mi van?
Tamás	Jössz este moziba?
Kata	Milyen film megy?
Tamás	Egy híres, régi magyar film. A címe: Szindbád.
Kata	És melyik moziban megy?
Tamás	Az Urániában. Este 8-kor kezdődik.
Kata	Jó, jövök. Hánykor és hol találkozunk?
Tamás	7-kor a mozi előtt. Tudok a közelben egy olcsó éttermet. Ott tudunk majd vacsorázni.
Kata	Az nagyon jó lesz! Csak egy baj van. Beteg a kutyám és az állatorvos 5.30-kor rendel. Ha utána a négyes villamossal vagy metróval megyek az Urániába, nem érek oda.
Tamás	Akkor kocsival megyünk együtt. Jó?
Kata	Nagyon jó!
Tamás	Máris indulok. Fél óra múlva ott leszek.
Kata	Köszi!

éttermet is the accusative form of **étterem** *restaurant*

---

2 Dan has done a short summary of Tamás' and Kata's conversation. Unfortunately he has slightly misunderstood them and there are three factual errors in his summary. Can you spot them?

Tamás szeretne Katával este moziba menni. A Uránia megy a Szindbád moziban. Ez egy híres, régi magyar film. A film este 8-kor kezdődik. Tamás szeretne 7-kor találkozni, mert akkor a film után tudnak vacsorázni. Kata szeretne Tamással moziba menni, de sajnos beteg a kutyája. Az állatorvos 5 óra után rendel, s villamossal vagy metróval nem ér oda a moziba. Ezért Tamás és Kata együtt megy autóval.

 3 Can you summarize Tamás' and Kata's conversation? Do it out loud.

4 What do you think?
 a What restaurant does Tamás suggest for dinner?
 b If Tamás didn't take her by car how could Kata go to the cinema?

 5 10.03 Now listen to the conversation line by line and repeat it. Then listen to Kata's lines and respond as if you were Tamás.

Language discovery

Read the conversation again and answer the questions.

1 What is the Hungarian equivalent of these phrases?
 a by underground/metro
 b by tram No 4

2 Now find these phrases in Hungarian:
 a at 8 o'clock in the evening
 b at 7 o'clock in the morning

Learn more 1

1 THE -VAL/-VEL *WITH, BY* ENDING

It is attached to words ending in a vowel. As usual the final **a** changes to **á** and the final **e** to **é** before it.

Back vowel words	Front vowel words
metró *underground* – **metróval** *by underground*	**ki?** *who?* – **kivel?** *with whom?*
Anna – **Annával** *with Anna*	**Imre** – **Imrével** *with Imre*

After words ending in a consonant, the **v** in -**val/-vel** changes and becomes the same as the last consonant of the word.

Back vowel words	Front vowel word
cukor *sugar* – **cukorral** *with sugar*	**jég** *ice* – **jéggel** *with ice*

In the case of two-letter consonants (e.g. **sz**) only the first letter is doubled in writing, e.g. **busszal** *by bus*.

Találkozol Annával? [2]   *Are you going to meet Anna?*

Busszal mentek? [2]   *Are you going by bus?*

Jéggel kéred a kólát? [2]   *Do you want your coke with ice?*

2 TIME EXPRESSIONS

These have the opposite word order of English i.e. they go from the general to the specific.

holnap reggel 6-kor   *at 6 o'clock tomorrow morning*

3 HÁNYAS? *WHAT NUMBER?*

Here's how to form the numbers given in answer to this question:

hány?	hányas?	hány?	hányas?
egy	egyes	húsz	húszas
két/kettő	kettes	harminc	harmincas
három	hármas	negyven	negyvenes
négy	négyes	ötven	ötvenes
öt	ötös	hatvan	hatvanas
hat	hatos	hetven	hetvenes
hét	hetes	nyolcvan	nyolcvanas
nyolc	nyolcas	kilencven	kilencvenes
kilenc	kilences	száz	százas
tíz	tízes	ezer	ezres

You can work out the rest easily, e.g. **hetvennyolcas, száztízes, ötszázas**, etc.

Among others, these forms are used when talking about:

  a public transport

Hányas villamos jár a körúton?   *What number tram goes on the boulevard?*

A négyes és a hatos.   *Numbers 4 and 6.*

  b telephone extensions

A száztizenötös melléket, legyen szíves.   *Extension No 115, please.*

4 THE FUTURE

The most common way of expressing future actions and events is by using the present tense and a time expression that indicates the future. Here is a list of some very common examples:

majd	some time in the future	**rögtön**	right away
ma este	tonight	**holnap délután**	tomorrow afternoon
a hétvégén	at the weekend	**a jövő héten**	next week
a jövő hónapban	next month	**a jövő évben** or **jövőre**	next year
Rögtön jövök.		I'll be back soon.	
Jövőre iskolába megy a fiam.		Next year my son will go to school.	

No time expression is needed if it is clear from the context that a future action or event is meant.

Practice 1

1 **Attila** (pron. atilla) **likes variety. Who does he go out with and where? Study the table and make up full sentences about him.**

	kivel?	hová?
a	Andrea	mozi
b	Ági	színház
c	Judit	Prága
d	Eszter	úszni
e	Irénke	cukrászda

2 **The table shows how Kata gets around. Study the information and make up complete sentences. The first one is done for you.**
  c Kata reggel a hetes busszal megy iskolába.

	mikor?	mivel?/kivel?	hova?
a	reggel 7-kor	a 15-ös busz	iskola
b	iskola után	kocsi, Tamás	haza
c	délután	bicikli	a közért
d	este	a 6-os villamos	táncolni
e	a hétvégén	a szülei	a Balaton

3 **Write the answers to these questions, using the information in brackets.**
  a Hányas villamos jár a Margit körúton? (4, 6)
  b Hányas busszal lehet a Budai várba menni? (16)
  c Hányas trolibusz jár a Városligetben? (79)
  d Hányas metróval lehet a Keleti pályaudvarra menni? (2)
  e Hányas melléken vagy? (208)

VOCABULARY

vár *castle;* **Városliget** *City Park;* **Keleti pályaudvar** *Eastern railway station*

---

4 **Tamás is always upbeat. Match Kata's problems with Tamás' solutions.**

  a Túl drága étteremben vacsorázni.

  b Most nem jár a négyes villamos.

  c Túl sok a matek lecke.

  d Vacsorát kell főzni, mert anyu beteg.

  1 Majd segítek. A matek nem nehéz!

  2 Nem baj, én fizetek.

  3 Akkor kocsival megyünk.

  4 Rendelünk egy pizzát.

5 **Which of these time expressions can be used in the following sentences?**

> a jövő héten   8.30-kor   jövőre
> rögtön szerdán reggel 9 órakor
> ma este

a _____ egy kis magyar vendéglőben vacsorázunk.
b A film _____ kezdődik a tévében.
c Ezen a héten már nem érek rá, de _____ tudunk találkozni.
d Egy pillanat! _____ jövök.
e _____ már 75 éves lesz az édesanyám.
f A tárgyalás _____ lesz, ugye?

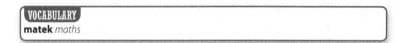 Listening

10.04 *Tamás and Kata can't find the vet's office. Tamás stops a passer-by.*

1 **Which tram goes to Napos utca?**

2 **Listen to the conversation. Complete the missing words.**
   a Tamás   _____. Tudna segíteni? Nem találom a Napos

   _____.

   _____, hol van?
   b Férfi   A Napos utca? Hol is van? Á, tudom, megvan!
   c Tamás   A térkép _____ egyenesen kell menni.
   d Férfi   _____ igen. A Napos utca a negyedik vagy

   az _____ utca lesz jobbra.
   e Tamás   Nem balra van? A térkép szerint _____ van.
   f Férfi   Rossz a térkép.
   g Tamás   Hány perc innen gyalog?

h Férfi   Talán _____ perc.

i Tamás   Egy kicsit messze van. Lehet busszal vagy _____ is menni?

j Férfi   A _____ két megálló innen a Napos utca.

k Tamás   Köszönöm! _____!

VOCABULARY

Tudna segíteni? *Could you help?*; **talál** *find*; **megvan** *got it*; **a térkép szerint** *according to the map*; **egyenesen** *straight on*; **jobbra** *on the right, to the right*; **innen** *from here*; **gyalog** *on foot*; **messze van** *it's far away*; **megálló** *stop*

Conversation 2

10.05 *Mr Bean has returned to Budapest. This time Mrs Veres invites him to a concert.*

1 Listen to the conversation. When and where is the concert?

Veresné	Jó napot kívánok! Veres Gáborné vagyok. Bean úrral szeretnék beszélni.
Bean úr	Én vagyok az. Jó napot, Veresné. Hogy van?
Veresné	Köszönöm, jól. Ráér ma este?
Bean úr	Igen, ma este szabad vagyok. Miért?
Veresné	Van kedve este koncerte jönni velem?
Bean úr	Milyen koncertre?
Veresné	Egy Sebestyén Márta koncertre. Van két jegyem. Sajnos a férjem beteg és nem tud jönni.
Bean úr	Jó, de nem ismerem Sebestyén Mártát.
Veresné	Kiváló énekes. Magyar népdalokat énekel.
Bean úr	Mikor és hol találkozunk?
Veresné	A koncert 7.30-kor kezdődik a MűPában.
Bean úr	A mi pában???
Veresné *(laughing)*	A MűPában. A Művészetek Palotájában. Tudja, hol van?
Bean úr	Nem, de nem baj. Majd taxival megyek.
Veresné	Akkor 7.15-kor várom a MűPa előtt.
Bean úr	Köszönöm! Viszonthallásra!

> **MűPa** (pron. müpa) is short for **Művészetek Palotája** *The Palace of Arts*. It's a modern concert hall in Budapest.

> **VOCABULARY**
> **Van kedve ... ?** [2] *Do you feel like …?* (lit. *Have you got the mood …?*); **énekes** *singer*; **népdalokat énekel** *she sings folk songs*; **vár vkit** *wait for sy*

2 Igaz vagy nem igaz? True or false? Correct the false statements.
  a Ma este Bean úr ráér.
  b Veresné férje nem tud a koncertre menni, mert nincs jegye.
  c Sebestyén Márta este a MűPában énekel.
  d Bean úr villamossal megy a koncertre.
  e Bean úr 7.15-kor találkozik Veresnével a MűPa előtt.

3 10.06 **Listen to the conversation line by line and repeat. Then listen to Mrs Veres' lines and respond as if you were Mr Bean.**

4 **Read the conversation again and find the Hungarian translation of:**
   a with me
   b Palace of Arts
   c I'll see you (lit. I'll wait for you)

Learn more

1 VELEM   *WITH ME*

This is the **'val/vel'** form of the personal pronoun **én** *I* Use the possessive endings after **'vel'** to get the other singular forms:

velem *with me;* **veled** *with you;* **vele** *with him, with her, with it*

Note that the formal forms are **magával** and **önnel** *with you*.

2 HOW TO SAY *KATA'S BOYFRIEND* AND *THE WINDOW OF THE CAR*

In Hungarian the possessor is always followed by the thing possessed. To mark the possession, the thing possessed takes the third person singular possessive ending.

Kata barátja	*Kata's boyfriend*
a kocsi ablaka	*the window of the car*

The possessor can also take possessive endings, e.g. **a barátnőm kutyája** *my girlfriend's dog*. It can also be in the plural, e.g. **Művészetek Palotája** *Palace of Arts*.

3 VÁROM   *I'LL WAIT FOR YOU*

Use the definite conjugation when a third person object or the formal *you* is implied.

Értem.	*I understand (it).*
Ismered Tamást? [2] Ismerem.	*Do you know Tamás? I know him.*
Várom.	*I'll wait for you.*

Practice 2

1 Match the Hungarian phrases with their English equivalents.

   a a barátom felesége   **1** my daughter's teacher
   b a feleségem barátja   **2** my wife's friend
   c a lányom tanára   **3** my teacher's daughter
   d a tanárom lánya   **4** my friend's wife
   e az apám orvosa   **5** my father's doctor
   f az orvosom apja   **6** my doctor's father

2 Now give your own answers to these questions.

   a Mivel jár dolgozni?
   b Van kedve este koncertre menni? [2]
   c Jövőre is tanul majd magyarul? [2]

3 Kata is rather moody tonight. Tamás keeps coming up with suggestions to cheer her up. What are his questions and what are Kata's answers? The first one is done for you.

a Van kedved színházba menni? Most nincs kedvem színházba menni.

mit csinálni?	igen	nem
a színházba menni		✓
b koncertre menni		✓
c sétálni		✓
d étteremben vacsorázni		✓
e otthon tévét nézni		✓

❓ Test yourself

Which is correct?

1. **a** Egy napjegyet kérek.
   b Egy napijegyet, legyen szíves.
2. **a** Miért biciklivel mentek?
   b Miért nem kocsivel mentek?
3. **a** Négykor délután rendel az orvos?
   b Délután négy órakor rendel az orvos?
4. **a** Trolibusszal is lehet menni?
   b Trolibuszal is lehet menni?
5. **a** Hol jár a hetes busz?
   b Hol jár a hétes busz?
6. **a** A budapesti egyes metró nagyon régi.
   b A budapesti első metró nagyon régi.
7. **a** A hármas megálló a Deák tér.
   b A harmadik megálló a Deák tér.
8. **a** Kata Tamás barátnője.
   b Kata barátnője Tamás.
9. **a** Mi a feleséged neve?
   b Mi a feleséged neved?
10. **a** Most nincs kedvem gyalog menni.
    b Most nem ráérek gyalog menni.

SELF CHECK

	I CAN ...
●	... invite someone out.
●	... use public transport.
●	... make telephone calls.
●	... make suggestions.

1   **Is it the definite or the indefinite conjugation? Liz is again at a loss. Help her to find the right forms of verbs in the sentences.**

a   eszel – eszed

   1   Már az ötödik palacsintát _____?

   2   Hármat _____?

b   kértek – kéritek

   1   Bort is _____?

   2   A bort is _____?

c   főz – főzi

   1   Anyu ebédet _____ a konyhában.

   2   Anyu az ebédet _____ a konyhában.

d   kipróbálunk – kipróbáljuk

   1   Mi is _____ a francia salátát.

   2   _____egy új receptet.

e   ismernek – ismerik

   1   Szerinted _____ Sopront?

   2   Szerinted _____ itt valakit?

f   tudok – tudom

   1   _____ a közelben egy jó éttermet.

   2   _____, hogy szereted a sült kolbászt.

g   imádunk – imádjuk

   1   _____ kirándulni a Budai-hegyekben.

   2   _____ a meggyes rétest.

h   mondasz – mondod

   1   Melyiket _____?

   2   Mit _____?

i nézünk – nézzük

  1 Egy régi, jó filmet _____ ma este a tévében.

  2 Az Anglia - Magyarország focimeccset _____ délután.

j köszönök – köszönöm

  1 _____ mindent! Nagyon jó volt itt lenni.

  2 _____ a vacsorát! Nagyon finom volt.

2 Give the correct forms of the numbers in brackets.

  a Mikor jön a _____ villamos? (2)

  b Miklós az _____ kerületben lakik. (1)

  c Pali siet és _____ sajtos pogácsát eszik ebédre. (3)

  d A _____ melléken vagy, ugye? (349)

  e Vera lakása a _____ emeleten van. (4)

3 Dan is scratching his head. Help him by matching the answers with the questions.

a	Milyen a sör?	**1**	Jó volt. Voltunk biciklizni.
b	Milyen sör van?	**2**	Finom!
c	Mennyi idő van?	**3**	Péntek.
d	Milyen idő van?	**4**	Osztrák és magyar.
e	Milyen nap volt tegnap?	**5**	3 óra 20 perc.
f	Milyen volt a tegnapi nap?	**6**	Süt a nap, de fúj a szél.

4 Choose the right ending for these sentences from the list.

> -t   -val/-vel   -ban/-ben
> -ba/-be   -n   -ra/-re   -kor

  a Ma Péter_____ megyek koncert_____.

  b November_____ már gyakran esik a hó a hegyek_____.

  c Szombat_____ megyünk a piac_____ csirke_____ venni.

  d Az asztal_____ van a könyved.

  e Ősz_____ szeretek a Margitsziget_____ sétálni.

> **VOCABULARY**
> **Margitsziget**
> *Margaret Island*

  f Hányadik osztály_____ jár a lányod?

  g 6.30_____ találkozunk a cukrászda előtt.

  h Mikor jössz Magayarország_____?

5 Ki ez? *Who is this?*

  a az anyám férje

  b az apám anyja

c a feleségem fia
d a lányom apja

6 Which ending should you use in the sentences below: -s or -i?
  a Egy szép kert_____ házban lakunk.
  b A zöldség_____ zöldségeket beszél.
  c London_____ vagy?
  d A budapest_____ négy_____ metró nagyon modern.
  e A tulipán tavasz_____ virág.
  f A ma_____ nap nagyon nehéz volt.

> **VOCABULARY**
> **tulipán** *tulip*

7 Which word is the odd one out?
  a körte, szőlő, sárgabarack, krumpli, eper, málna
  b kenyér, péksütemény, pogácsa, kifli, zsemle, téliszalámi, kakaós csiga
  c konyha, hálószoba, dolgozószoba, nappali, HÉV

8 Attila is in a bad mood on Sunday morning. He decides to go to the Széchenyi (pron. szécsényi) spa. He spots Jutka a pretty brunette on the poolside. He sits down next to her. She is looking for a match to light her cigarette. Read their conversation and then answer the questions.

Attila	Tessék!
Jutka	Köszönöm! Kérsz egy cigarettát?
Attila	Kösz. Gyakran jársz a Széchenyi fürdőbe?
Jutka	Ühüm. Jó hely. Imádom nézni a vízben a sakkozókat. És te?
Attila	Én már régen voltam itt. Télen a Gellért fürdőbe járok úszni. De nyáron ott nem lehet napozni. Te már szép barna vagy. Hol voltál?
Jutka	Itt, a Széchenyi fürdőben. Minden nap jövök úszni és napozni. Sok érdekes emberrel lehet itt találkozni, és imádom a Széchényi fürdő épületét. Nagyon romantikus! És te miért jársz ide? Flörtölni?
Attila	Á, nem! A sakkozók és a romantikus épület miatt!
Jutka	Értem. És te hol voltál a nyáron?
Attila	A Duna mellett voltam horgászni egy barátommal.
Jutka	Volt sok hal a Dunában?
Attila	Túl sok. Minden este halászlé volt vacsorára.
Jutka	Akkor délben nem halat ebédelsz majd, ugye?
Attila	Nem hiszem. Ott van egy kövér férfi. Látod?
Jutka	Hol?

Attila	Ott, a vízben sakkozik. Szerintem a felesége túl sok gulyást főz otthon. Biztos ma is gulyást főz ebédre.
Jutka	Honnan tudod?
Attila	Nem nehéz. Szerintem könnyű kitalálni, ki milyen ember.
Jutka	Tényleg? És én milyen ember vagyok szerinted?
Attila	Te? Szép, okos, kedves, intelligens és van humorérzéked is. Igazam van?
Jutka	Persze!
Attila	És szerinted milyen vagyok én?
Attila	Huszonhárom éves vagy. Áprilisban születtél. A szüleid Szegeden élnek. Te Budapesten laksz a hetedik kerületben. Ott van egy másfél szobás lakásod. Pincér vagy egy kis budai étteremben. A fizetésed jó, de a munkád unalmas. Amikor rossz kedved van, a Széchenyibe jársz flörtölni.
Attila	Honnan tudod mindezt?
Jutka	Úgy látszik, hogy nekem jobb a memóriám, mint neked!

VOCABULARY

cigaretta *cigarette*; **hely** *place*; **sakkozók** *chess players*; **régen** *a long time ago*; **napozik** *sunbathe*; **épület** *building*; **ide** *(to) here*; **flörtöl** *flirt*; **vmi miatt** *because of sg*; **horgászik** *go angling*; **kövér** *fat*; **sakkozik** *play chess*; **kitalál vmit** *guess sg*; **okos** *clever*; **kedves** *kind*; **humorérzék** *sense of humour*; **Igazam** *van? Am I right?*; **fizetés** *pay*; **rossz kedved van** *you're in a bad mood*; **mindez** *all this*; **úgy látszik** *it seems*; **nekem jobb a memóriám, mint neked** *my memory is better than yours*

a Which is correct?

1 a Attila vasárnap délelőtt találkozik Jutkával a Széchenyi fürdőben.
 b Attila vasárnap délelőtt találkozik Jutkával a Gellért fürdőben.
2 a Attila nem kér cigarettát.
 b Attila kér cigarettát.
3 a A Széchenyi fürdőben lehet látni sakkozókat a vízben.
 b A Széchenyi fürdőben sok kövér férfi van a vízben.
4 a Jutka már szép barna, mert sokat napozik a Széchenyi fürdőben.
 b Jutka már szép barna, mert a Duna mellett volt a nyáron.
5 a Attila a Dunában volt horgászni a nyáron egy barátjával.
 b Attila a Duna mellett volt horgászni a nyáron egy barátjával.
6 a Attila szerint nem nehéz kitalálni, ki milyen ember.
 b Attila szerint érdekes kitalálni, ki milyen ember.

7 a Attila szerint Jutka szép, okos és van humorérzéke is.
   b Attila szerint Jutka szeret a Széchenyibe járni.
8 a Jutka tudja, hogy Attila mikor született.
   b Jutka tudja, hogy Attila szeret sakkozni.
9 a Attila szeret flörtölni.
   b Jutka szeret flörtölni.
10 a Attila memóriája jobb.
   b Jutka memóriája jobb.

 b Mit gondol? *What do you think?* **Give your own answers.**

   1 Milyen ember Attila?

   2 Milyen ember Jutka?

   3 Könnyű kitalálni, ki milyen ember?

   4 Jó flörtölni?

   5 Jó nyáron sokat napozni?

   6 Jó a memóriája?

   7 Érdekes a pincér munkája?

9 You have made it. Gratulálok! *Congratulations.* **One last piece of advice. As we say in Hungarian: Ismétlés a tudás anyja.**

**Can you translate it into English? You will need these words:
ismétlés** *revision;* **tudás** *knowledge.*

Answer key

Unit 1

Visiting Hungary: magyar *(Hungarian)*; The word 'magyaráz' *(explain)* literally translates as 'Hungarianize' i.e. to make something that is unfamiliar Hungarian.

Vocabulary builder: *Asking for and giving personal information* I am Zsuzsa, I am English, I am American, I am a businessman, I am a photographer, Are you Hungarian? Are you Canadian? Are you a teacher? Are you a student? Are you a manager?

Conversation 1: 1 It's a very beautiful city. **2 a** 3, **b** 1, **c** 2. **3 a** Yes. **b** James is a Scottish name. **c** Because he's a photographer and it's a very beautiful city.

Language discovery 1: 1 a vagyok, **b** vagy, **c** Because the *I* or *you* is indicated in the way the verb ends. **2 a** James vagyok, **b** Fotós vagyok, **c** Hungarian word order is the reverse of that of English in these sentences.

Practice 1: 1 a vagy, **b** vagyok, **c** no verb, **d** no verb, **2 a** 4, **b** 2, **c** 5, **d** 1, **e** 3. **4 b** A Mária angolul Mary., A Sára angolul Sarah., A Júlia angolul Julia., Az Andrea angolul Andrea., A Zsófia angolul Sophia., A Judit angolul Judith., A Tamás angolul Thomas., A György angolul George., A Pál angolul Paul., Az András angolul Andrew., A József angolul Joseph., A Péter angolul Peter., Az Ádám angolul Adam.

Listening: 1 American. **2 a** Szia! **b** vagyok, **c** Angol, **d** amerikai, **e** miért, **f** magyartanár

Conversation 2: 1 To a café. **2 a** 4, **b** 1, **c** 6, **d** 2, **e** 3, **f** 5. **4 a** is, **b** egy.

Practice 2: 1 a 2, **b** 4, **c** 1, **d** 3.

Reading and writing: 1 a in the buffet, **b** sandwich. **2** Szia Klára! Igen, jövök! Nagyon fáradt és éhes vagyok. Bea.

Test yourself: 1 a, **2** a, **3** a, **4** b, **5** b, **6** b, **7** a, **8** a, **9** a, **10** b.

Unit 2

Hungarian hospitality: 'vendég'; at a hairdresser's .

Vocabulary builder: *Offering food and drink* Would you like some tea?, Would you like a hamburger?, Would you like a pizza?, Would you like a beer?, Would you like a coke?, Would you like a pálinka?, Would you like a sandwich?, Would you like some cake?, Would you like a pastry?

Conversation 1: 1 With milk but without sugar. **2 a** álmos vagyok **b** Tejjel és cukorral? **c** Tejjel, de cukor nélkül. **d** Van sütemény is. **e** Kösz, most nem kérek. **3 a** Because there is a lot of work in the office. **b** No.
Language discovery 1: 1 a kérek, **b** kérsz, **c** kér, **d** The ending reveals it. **2 a** Kérsz egy kávét? **b** It has a t ending.
Practice 1: 1 a sietek, **b** kérsz, **c** tud, **d** beszélget, **e** kérek. **2** The back vowel words are: tipikus, amerikai, kanadai, város and fáradt. The front vowel words are: szép, Szeged, nő, beszélget, férfi. **3 a** 2, **b** 4, **c** 1, **d** 3. **4 a** hanem / de, **b** de, **c** hanem, **d** de, **e** hanem
Listening: 1 Because he's got a cold and he has a lot of work in the office. **2 a** Mit, **b** sört, **c** citromos teát, **d** Jól, **e** náthás.
Conversation 2: 1 He thinks that it's hard but it's interesting and very logical. **2 a** 7, **b** 4, **c** 5, **d** 2, **e** 6, **f** 3, **g** 1. **4 a** tudok magyarul. **b** Nehéz nyelv a magyar?
Practice 2: 1 a németül, **b** franciául, **c** spanyolul, **d** oroszul, **e** lengyelül, **f** kínaiul, **g** arabul, **h** japánul. **2 b** Elég jól beszélsz olaszul. **c** Ő egy kicsit tud lengyelül. **d** József tanul franciául. **e** Mari csak egy kicsit beszél kínaiul.
Test yourself: 1 b, **2** a, **3** a, **4** a, **5** b, **6** a, **7** b, **8** a, **9** b, **10** a.

Unit 3

Weather: Grey hair shows that you have reached the 'autumn' of your life.
Vocabulary builder: *The weather* the weather is good, the weather is bad, it's cold, it's foggy, it's snowing.
Conversation 1: 1 At a small Hungarian school in London. **2 a** How do you like Debrecen? **b** it's very hot in Debrecen. **c** it's only nice to be at the spa. **d** Would you like a nice cold beer? **e** I wonder what Hungarian beer is like. **f** I'd like a coke with ice. **g** You know Hungarian well. **h** At a small Hungarian school in London. **3 a** Because it's very hot in Debrecen. **b** Nothing special. It always rains.
Language discovery 1: 1 a kértek, **b** tudtok, **c** beszéltek. **2 a** Debrecenben, **b** augusztusban, **c** -ban / -ben, **d** Berlinben, januárban.
Practice 1: 1 a jöttök, **b** vannak, **c** tudunk, **d** kértek, **e** sietünk, **f** tanulnak, **g** beszéltek. **2 a** Frank áprilisban Párizsban van. **b** Májusban és júniusban Közép-Európában van: Bécsben, Prágában és Budapesten. **c** Júliusban, augusztusban, szeptemberben és októberben Berlinben tanul németül. **d** Novemberben nagyon fáradt. Debrecenben van és egész hónapban a fürdőben pihen. **3 a** Szerintem Sopron nagyon szép. **b** Hogy van Kati? **c** A Daniel magyarul Dániel. **d** Nagyon hideg van itt! **e** Brian most Magyarországon van. **f** Jakab orvos. **g** Budapesten sok jó múzeum van. **h** Januárban van a fesztivál.

Listening: 1 Because he has a bad cold. **2 b** Te, **c** náthás, **d** jó meleg, **e** konyhában, citrom, idő, hideg, **f** Nincs, szél, süt.
Conversation 2: 1 Because she doesn't like sitting in the water all day. She thinks it's boring. **2 a** 4, **b** 7, **c** 1, **d** 6, **e** 2, **f** 3, **g** 5. **3 a** örülök. **b** nem tudok síelni.
Practice 2: 1 ülök, ülsz, ül, ülünk, ültök, ülnek.
Test yourself: 1 b, **2** a, **3** a, **4** b, **5** b, **6** a, **7** a, **8** a, **9** b, **10** b

Review 1

1 a 3, **b** 5, **c** 1, **d** 7, **e** 2, **f** 4, **g** 6. **2 a** Nem értem. Amerikai vagyok. Beszélsz angolul? **b** Bocsánat! **c** Lassabban, légy szíves, mert csak egy kicsit tudok magyarul. **d** Nagyon tetszik, de túl meleg van és nagyon fáradt és szomjas vagyok. **e** Ha lehet, egy jó hideg sört kérek vagy egy kólát jéggel. **f** Egészségünkre! **g** Köszönöm a sört. **3 a** orvos, **b** Mit, **c** virág, **d** amikor, **e** szél, kirándulni, **f** Örültök, **g** nincs, **h** főváros, **i** nélkül. **4 a** 3, **b** 4, **c** 2, **d** 1, **e** 6, **f** 5. **5 a** 2, **b** 3, **c** 1, **d** 5, **e** 6, **f** 4. **6 a** 1, **b** 2, **c** 2, **d** 1. **7 a** Télen, **b** Márciusban, Magyarországon, **c** Örülök, **d** kérek, süteményt, **e** Angliában, évben, **f** Budapesten. **8** tavasz. **9 a** hóember, **b** fürdő, **c** üzletember.

Unit 4

Accommodation: szoba.
Vocabulary builder: *Hotel facilities and services* wellness centre, thermal spa, beauty salon, buffet breakfast, transfer to the airport, apartment, double room
Conversation 1: 1 Air conditioning and WIFI **2 a** 3, **b** 2, **c** 5, **d** 1, **e** 6, **f** 4. **3 a** Because Gellért spa is next to the hotel. **b** Yes.
Language discovery 1: 1 a Ön is angol? **b** hitelkártyával fizet **c** ön, third person singular **2 a** Még nem voltam Budapesten. **b** Még nem voltam Londonban.
Practice 1: 1 a Hogy vannak? **b** Mi a vezetékneve? **c** Hol volt? **d** Sietnek? **e** Milyen nyelven tud? **f** Miért tanulnak magyarul? **g** Hány szendvicset kér? **2 b** Gáspár már volt Amerikában. Szerinte gazdag ország. **c** Gáspár már volt Kínában. Szerinte egzotikus ország. **d** Gáspár már volt Párizsban. Szerinte romantikus város. **e** Gáspár már volt Pakisztánban. Szerinte szegény ország. **f** Gáspár még nem volt Egerben. **3 a** Októberben Prágában leszel, ugye? **b** Lajos orvos, ugye? **c** Kér kávét, ugye? **d** Most nem sietnek, ugye? **4 a** hétfő **b** csütörtök **c** péntek **d** csütörtök **5 a** Jó reggelt! Két egyágyas szobát szeretnék. **b** Két éjszakára. Mennyibe kerül egy szoba egy éjszakára? **c** Az árban benne van a reggeli is? **d** A hotelben van fitneszközpont és szauna?

e A két szobában van kábel TV és ingyenes WIFI? **f** Jó lesz. Hitelkártyával szeretnék fizetni.

Listening: 1 It's a shopping centre. **2 a** lehet **b** mellett **c** központ **d** tíz **e** vásárolni **g** Bocsánat **h** központ

Conversation 2: 1 Because he was in an office all day. **2 a** Szabad a taxi? **b** Az Operába, legyen szíves. **c** Mi megy ma este? **d** Most vagyok először Budapesten. **e** Milyen híd ez? **4 a** az Operába **b** legyen szíves **c** Hová parancsol?

Practice 2: 1a Velencébe megy, mert nagyon romatikus. **b** Franciaországba megy, mert minden francia bor finom. **c** Ausztráliába megy, mert még nem volt ott. **d** Indiába megy, mert nagyon egzotikus. **e** Budapestre megy, mert tanul magyarul.

Test yourself: 1 a, **2** a, **3** b, **4** a, **5** b, **6** b, **7** b, **8** b, **9** b, **10** b

Unit 5

Hungarian cuisine: hús.

Vocabulary builder: *Food* goulash soup, fruit soup, bean soup Jókai style, vegetable soup, mushroom soup, meat soup, paprika chicken, beef stew, pork stew. *Drinks* red wine, white wine, cocktail, mineral water, apple juice.

Conversation 1: 1 goulash soup **2 a** Igaz. **b** Nem igaz, az ablak mellett van szabad asztal. **c** Nem igaz, Veresné két étlapot kér. **d** Igaz. **e** Nem igaz, utána paprikás csirkét esznek. **3 a** No. **b** Mr Bean is having a glass of red wine and Mrs Veres is having a glass of white wine.

Language discovery 1: 1 a főzni, találkozunk **b** 8.30-kor **2 a** Valami tipikus magyar ételt. **b** Because the verb 'kérek' is implied.

Practice1: 1 a reggelizem, reggelizel, reggelizik, reggelizünk, reggeliztek, reggeliznek **b** ebédelek, ebédelsz, ebédel, ebédelünk, ebédeltek, ebédelnek **c** vacsorázom, vacsorázol, vacsorázik, vacsorázunk, vacsoráztok, vacsoráznak **d** leszek, leszel, lesz, leszünk, lesztek, lesznek **2 a** főzöl **b** nézel **c** Olvasol? **d** Öltözködöm. **e** teniszezel **f** iszol **3 a** Nyolc óra húsz perc van. **b** Tizenegy óra negyven perc van. **c** Két óra harminc perc van. **d** Négy óra ötven perc van. **e** Hat óra negyvenöt perc van. **f** Hét óra tíz perc van. **4 a** Van angol étlap? **b** Milyen magyar specialitás van? **c** Van fehér kenyér? **d** Nem kérek húsételt. Vegetáriánus vagyok. **e** Van rántott hal? **5 a** Van Jókai bableves? **b** Akkor zöldséglevest kérek. **c** Egy sertéspörköltet kérek. Milyen saláta van? **d** Akkor egy uborkasalátát kérek. **e** Egy pohár sört, legyen szíves.

Listening: 1 A long coffee with milk. **2 a** legyen szíves. **b** parancsolni. **c** tortát. **e** Akkor, utána. **f** kávét. **g** fizetek.

Conversation 2: 1 He likes it very much. **2 a** Már majdnem 1 óra van.
b Hogy repül az idő! **c** Rendelünk valamit és fél óra múlva itt lesz. **d** Jó
ötlet! **e** Mit szeretne enni? **f** De zöldségeket beszélek! **g** Hánykor indul a
repülőgép? **4 a** ma inkább nem eszek húst **b** pénteken **c** szeretne
Practice 2: 1 a Teniszezel csütörtök reggel? **b** Mit szeretne inni? **c** Most
inkább olvasok. **d** Van egy jó cukrászda a közelben.
Test yourself: 1 a, **2** b, **3** b, **4** b, **5** b, **6** a, **7** a, **8** b, **9** b, **10** a

Unit 6

Lifestyles: segít a házimunkában, lit. *help in the housework,* segít a házi
feladatban.
Vocabulary builder: *Daily routine* go to work, go to school, go home,
have a bath, go to bed. *Leisure activities* play football, be on the internet,
read a book, read a newspaper, watch TV, go to the cinema, go to the
theatre, go to a concert, go to a museum.
Conversation 1: 1 Sometimes she helps with the cleaning and the
shopping. **2 a** Nem igaz, Zita tízéves. **b** Igaz. **c** Nem igaz, Zita otthon
reggelizik. **d** Igaz. **e** Igaz. **f** Nem igaz, Zita késő este megy aludni. **g** Nem
igaz, Zita modell vagy színésznő szeretne lenni. **3 a** No. **b** English and
basketball.
Language discovery1: 1 a takarítani **b** írok **2 a** Szegeden, a hétvégén **b**
iskola után **c** mozi után
Practice 1: 1 a zuhanyozom, zuhanyozol, zuhanyozik, zuhanyozunk,
zuhanyoztok, zuhanyoznak **b** segítek, segítesz, segít, segítünk, segítetek,
segítenek **c** írok, írsz, ír, írunk, írtok, írnak **d** fürdöm, füldesz, fürdik,
fürdünk, fürdötök / fürdetek, fürdenek **e** játszom, játszol. játszik, játszunk,
játszotok, játszanak **f** dolgozom, dolgozol, dolgozik, dolgozunk, dolgoztok,
dolgoznak **2** Reggeli előtt, vízben, Ebéd után, 1 és 3 óra között, **3** óra körül,
A tó mellett, a Balatonban, múzeumban, koncerten, moziban, internet
nélkül **4 a** A könyv a földön van. **b** A szendvics az ágyon van. **c** A virág a
könyvön van. **d** A kulcs a szekrényen van. **e** A pohár a tévén van. **f** Az óra
az asztalon van. **5 a** Hétfőn 5 és 7 óra között. **b** A repülőtéren. **c** Szerdán
6-kor. **d** Szegeden. **e** Koncerten van. **f** Konditerembe. **g** Szombaton vásárol
és vasárnap egy jó meccset néz a tévében.
Listening: 1 Yes, he goes to the gym. **2** dolgozom / éves / napom /
8.30-kor / körül / hazamenni / után / konditerembe / hétvégén / aludni /
délben / Délután / tévében
Conversation 2: 1 He goes to the 'dance house'. **2** András nem a
konditerem előtt, hanem utána reggelizik. / Nem reggeli közben, hanem

reggeli után olvas újságot. / Akar családot, de először utazni szeretne. **4 a** ezerkilencszázkilencvenegy, **b** ezerkilencszázkilencvenegyben, **c** születtem **Practice 2: 1 a** Panni kétezer-tízben született. **b** Csaba ezerkilencszázkilencvennyolcban született. **c** ezerkilencszázhetvenhétben született.**d** Áron ezerkilencszázötvenkilencben született.
Test yourself: 1 b, **2** a, **3** a, **4** b, **5** a, **6** b, **7** a, **8** b, **9** b, **10** b

Review 2

1 a Mi a neved? **b** Hol laksz? **c** Hány éves vagy? **d** Szeretsz iskolába járni? **e** Sportolsz? **f** Mit csinálsz a hétvégén? **g** Mi szeretnél lenni, amikor felnőtt leszel? **2 a** Mi a neve? **b** Hol lakik? **c** Hány éves? **d** Hol dolgozik? **e** Mit csinál munka után? **f** Mit csinál este? **g** Mit csinál a hétvégén? **3** látnivaló **4 a** Segítesz? **b** még nem **c** voltatok **d** 1982-ben **e** küldök **f** étlapot **g** a kávét **h** veszekedsz **i** hajnalban **5** names of nationalities, days of the week and names of the months. **6 a** A kutya a fa előtt van. **b** A kutya a fa mögött van. **c** A kutya a fa mellett van. **d** A kutya két fa között van. **7 a** készítetek **b** értenek **c** játszotok **d** írnak **e** Voltatok **f** Szörfözöl **g** úszom **h** alszotok **i** jöttök **j** megyünk **8** konyhában; parkba; fürdőszobában; színházban; Délben; büfében; órakor; rádióban; kávéházban; színházban; hétvégén; Szentendrén; Nyáron; Olaszországba; Rómában; Velencébe; Firenzében **9 a** Imre hatvannyolc éves. **b** Anna harmincegy éves. **c** Pista tizenhárom éves. **d** Emese nyolc éves. **10 a** Párizsban plusz nyolc fok van, esik az eső. **b** Londonban nulla fok van, esik az eső és fúj a szél. **c** Berlinben plusz négy fok van, fúj a szél. **d** Budapesten plusz tizenöt fok van, süt a nap. **e** Moszkvában mínusz 3 fok van, esik a hó. **11 b** Ha egy ausztrál dollár száznyolcvan forint, akkor húsz ausztrál dollár háromezer-hatszáz forint. **c** Ha egy kanadai dollár százhetvenkilenc forint, akkor harmincöt kanadai dollár hatezer-kétszázhatvanöt forint. **d** Ha egy euró kétszázkilencven forint, akkor száznegyven euró negyvenezer-hatvan forint. **12 a** szegény **b** föld **c** körül **13 a** Jó napot! Egy egyágyas szobát szeretnék. **b** Csak ma éjszakára. **c** Van ingyenes WIFI a szobában? **d** Mennyibe kerül a szoba egy éjszakára? **e** Az árban benne van a reggeli is? **f** Jó lesz. Lehet hitelkártyával fizetni? **14 a** zöldségleves és rántott hal **b** Cézár saláta **15 a** 6, **b** 5, **c** 2, **d** 7, **e** 9, **f** 8, **g** 10, **h** 1, **i** 3, **j** 4

Unit 7

Home-grown produce: bio piac
Vocabulary builder: *Fruits* apple, orange, banana. *Vegetables* pepper, bean.

Conversation 1: 1 Peppers, tomatoes, cucumber and lettuce. **2 a** pörköltet **b** cseresznye **c** meggyet **d** olajjal **e** Nők Lapjában **f** francia **3 a** No. **b** Because there's a good film on TV.

Language discovery 1: 1 a ebédre **b** reggelire **2 a** szeretem a meggyet **b** szeretem az almát

Practice 1: 1 b Misi Szentendrére szeretne menni, mert ott van a Kovács Margit Múzeum. **c** Misi Szegedre szeretne menni, mert ott finom a halászlé. **d** Misi Vácra szeretne menni, mert jó focimeccs lesz ott. **e** Misi Pécsre szeretne menni, mert még nem volt ott. **2 a** csinálom, csinálod, csinálja, csináljuk, csináljátok, csinálják **b** utálom, utálod, utálja, utáljuk, utáljátok, utálják **c** szeretem, szereted, szereti, szeretjük, szeretitek, szeretik **d** fizetem, fizeted, fizeti, fizetjük, fizetitek, fizetik **e** küldöm, küldöd, küldi, küldjük, küldítek, küldik **f** köszönöm, köszönöd, köszöni, köszönjük, köszönitek, köszönik **3** Imádok focizni és szeretek főzni. Nem szeretek olvasni és utálok táncolni. **4 a** Rita imádja a csoki tortát. **b** Rita szereti a málnát. **c** Rita nem szereti a fokhagymát. **d** Rita utálja a káposztát. **5 a** iszol **b** ismerem **c** kéritek **d** olvasunk **e** tudják **f** megyünk **g** vásárolsz **h** szereted **i** ülsz

Listening: 1 Bananas. **2** ebédre, gyümölcs saláta, szeret, szereti, utálja, jobban, körtét, Narancsot, piacon, imádja, palacsintát

Conversation 2: 1 Because they are still very expensive. **2** Nem reggel van, hanem délelőtt vagy délután. Nem pirospaprikát, hanem zöldpaprikát szeretne. Az eper nem négyszáz Ft egy kiló, hanem négyszáz Ft tíz deka. **4 a** zöldpaprika **b** Tessék parancsolni!

Practice 2: 1 a A citrom sárga. **b** A narancs narancssárga. **c** A tej fehér. **d** A borsó zöld. **e** A málna piros. **f** A szilva lila.

Test yourself: 1 a, **2** b, **3** a, **4** b, **5** b, **6** b, **7** b, **8** b, **9** a, **10** b

Unit 8

Shopping: bolt

Vocabulary builder: *At the grocer's* cheese, ham, salami, paprika salami, garlic salami, sausage, sausage. *At the baker's* white bread, brown bread.

Conversation 1: 1 Because his wife asked him to. **2 a** sajtot **b** sonkát **c** nincs **d** négyszázhúsz **e** szeletelve **f** gyulai, rakott **g** pár **3 a** Because his wife loves it. **b** Sliced.

Language discovery 1: 1 a Melyiket kéri? **b** Ezt tesszük majd a rakott krumplíba. **2 a** Tessék, uram. **b** szegedi halászlé

Practice1: 1 a olvastok **b** parancsolja **c** vásárol **d** szereted **e** nézel **f** akartok **g** fizetek **2 a** mosom, mosod, mossa, mossuk, mossátok, mossák

b magyarázom, magyarázod, magyarázza, magyarázzuk, magyarázzátok, magyarázzák **c** iszom, iszod, issza, isszuk, isszátok, isszák **d** eszem, eszed, eszi, esszük, eszitek, eszik **e** hiszem, hiszed, hiszi, hisszük, hiszitek, hiszik **f** nézem, nézed, nézi, nézzük, nézitek, nézik **3 a** mai **b** Ma **c** januári **d** Januárban **e** vasárnapi **f** vasárnap **g** Szegedi **h** Szegeden **i** Szegedre **4 a** almás, meggyes **b** ágyas **c** kakaós **d** sajtos, sonkás **e** esős, napos **f** jeges, jeges **g** húsos **5 a** Van prágai sonka? **b** Húsz dekát, legyen szíves. **c** Jó. **d** Igen, valami tipikus magyar kolbászt szeretnék. **e** A gyulai kolbászt már ismerem, és sajnos nem szeretem a fokhagymát. **f** Nem. Egy párat, legyen szíves. **g** Köszönöm, mást nem kérek.

Listening: 1 Because tomorrow they are going hiking in the Buda hills. **2 a** napot **b** Pogácsa, kilós **c** parancsolja **d** kérem **f** imádja **h** zsemlét, kirándulni, budai, napos **i** Reméljük, május **j** mást, fizetek **k** Ezernyolcszáz

Conversation 2: 1 Boiled sausages with mustard. **2 a** Mennyi disznóhúst kér? **b** Miért volt a felesége a múltkor mérges? **c** Milyen húst szeret a felesége? **d** Mustárral kéri a kolbászt? **e** Miért nagyon éhes? **f** Mit csinál mielőtt hazamegy? **4 a** a másodikat kérem **b** vásárolni voltam **c** hazamegyek

Practice 2: 1 a Bruce Rómában volt várost nézni. **b** Étteremben voltam vacsorázni. **c** A bevásárlóközpontban voltunk vásárolni. **d** A húsboltban voltatok fokhagymás kolbászt venni. **e** A parkban voltak futni.

Test yourself 1 a, **2** b, **3** a, **4** b, **5** b, **6** a, **7** a, **8** a, **9** b, **10** b

Unit 9

Family and friends: apa, anya
Vocabulary builder: *Family* wife, my/your/her, partner, child, my/your/his/her, my/your/his/her, my/your/his/her mother, my/your/his/her father, my/your/his/her, my/your/his/her grandmother, my/your/his/her grandfather, my/your/his/her grandparents, my/your/his/her. *Housing* a two-room flat, a house with a garden, kitchen, bedroom, living room, bathroom, toilet, study.

Conversation 1: 1 Two. **2 a** Kettő. **b** Egy osztrák bankban. **c** Harminchárom. **d** Sajnos nincs. **e** A Mese utcában. **f** Másfél szobás. **g** Sajnos már nem él. **3 a** She is in the second class. **b** He's fifteen.

Language discovery 1: 1 a a maga kislánya **b** van egy fiam **2 a** már nem él **b** már nem vagyok fiatal

Practice 1: 1 a A férjem orvos. **b** Itt dolgozik a feleséged? **c** Az apám ötvennyolc éves. **d** A nagyszüleim a közelben laknak. **e** Van gyereke? **2 a** már **b** már **c** Már, még **d** Még **e** még **f** még **3** A kutya. **4 a** 3 **b** 4 **c** 2 **d** 1

Listening: 1 She helps with the housework. **2 a** osztályba **b** Hetedikbe.

c A szüleid **d** anyám, apám **e** testvéred **f** még **h** kétszobás, nagyszüleim **i** fürdőszoba **j** konyha **k** iskola **m** hazamész **n** házi munkában **p** érek rá
Conversation 2: 1 In the ninth district in Pest. **2 a** Pécsen. **b** Az Erika utcában. **c** A tizenegyben. **d** Hetvenhat-huszonegy. / Hétezer-hatszázhuszonegy. **e** Hetvenkettő-százhuszonhárom-hatszázötvenhét. / Hetvenkettő-egy-huszonhárom-hat-ötvenhét. **f** kmonika-kukac-gmail-pont-com. **4 a** a IX. kerületben **b** Kossuth Lajos utca
Practice 2: 1 a (Rákóci) **b** (Vörösmarti) **c** (Madács) **d** (Veselényi) **2 a** (Takács) nulla-negyvenöt-nyolcvanhat-ötvennégy **b** (Horvát) három-negyvenöt-hat-nulla-egy / háromszáznegyvenöt-hatszázegy **c** (Szombati) hat-hetvennégy-harmincnégy-nyolcvankilenc / hatszázhetvennégy-harmincnégy-nyolcvankilenc **d** kilenc-tizenhárom-nulla-negyven / kilencszáztizenhárom-nulla-negyven
Test yourself: 1 a, **2** b, **3** b, **4** b, **5** a, **6** b, **7** b, **8** a, **9** b, **10** b

Unit 10

Getting around: a pair of wheels, bicikliút
Vocabulary builder: *Getting around* by car, by boat, by bicycle, by bus, by trolley-bus, by tram, by local train, by airplane, by plane. *Making telephone calls* Hello.
Conversation 1: 1 By car. **2** A Szindbád megy az Uránia moziban. Nem a film után,hanem a film előtt vacsoráznak. **4 a** A cheap one. **b** By metro or tram No 4.
Language discovery 1: 1 a metróval **b** a négyes villamossal **2 a** este 8-kor **b** reggel 7-kor
Practice 1: 1 a Attila Andreával megy moziba. **b** Ágival megy színházba. **c** Judittal megy Prágába. **d** Eszterrel megy úszni. **e** Irénkével megy a cukrászdába. **2 b** Iskola után kocsival megy Tamással haza. **c** Délután biciklivel megy a közértbe. **d** Este a hatos villamossal megy táncolni. **e** A hétvégén a szüleivel megy a Balatonra. **3 a** A négyes és a hatos villamos jár a Margit körúton. **b** A tizenhatos busszal lehet a Budai várba menni. **c** A hetvenkilences trolibusz jár a Városligetben. **d** A kettes metróval lehet a Keleti pályaudvarra menni. **e** A kétszáznyolcas melléken vagyok. **4 a** 2 **b** 3 **c** 1 **d** 4 **5 a** ma este **b** 8.30-kor **c** a jövő héten **d** rögtön **e** jövőre **f** szerdán reggel 9 órakor
Listening: 1 Tram No 61. **2 a** Bocsánat, utcát, Tudja **c** szerint **d** Először, ötödik **e** balra **h** tizenöt-húsz **i** villamossal **j** hatvanegyes villamossal **k** Viszlát!
Conversation 2: 1 At 7.30 p.m. in MűPa. **2 a** Igaz. **b** Nem igaz. Veresné férje nem tud a koncertre menni, mert beteg. **c** Igaz. **d** Nem igaz. Bean úr

taxival megy a koncertre. **e** Igaz. **4 a** velem **b** Művészetek Palotája **c** várom
Practice 2: 1 a 4 **b** 2 **c** 1 **d** 3 **e** 5 **f** 6. **3 b** Van kedved koncertre menni?
Most nincs kedvem koncertre menni **c** Van kedved sétálni? Most nincs
kedvem sétálni **d** Van kedved étteremben vacsorázni? Most nincs kedvem
étteremben vacsorázni. **e** Van kedved otthon tévét nézni? Igen, van.
Test yourself: 1 b **2** a **3** b **4** a **5** a **6** a **7** b **8** a **9** a **10** a

Review 3

1 a 1 eszed **2** eszel **b 1** kértek **2** kéritek **c 1** főz **2** főzi **d 1** kipróbáljuk **2**
kipróbálunk **e 1** ismerik **2** ismernek **f 1** tudok **2** tudom **g 1** imádunk **2**
imádjuk **h 1** mondod **2** mondasz **i 1** nézünk **2** nézzük **j 1** köszönök **2**
köszönöm **2 a** kettes **b** első **c** három **d** háromszáznegyvenkilences **e**
negyedik **3 a** 2 **b** 4 **c** 5 **d** 6 **e** 3 **f** 1 **4 a** Péterrel, koncertre **b** Novemberben,
hegyekben **c** Szombaton, piacra, csirkét **d** asztalon **e** Ősszel,
Margitszigeten **f** osztályba **g** 6.30-kor **h** Magyarországra **5 a** az apám **b** a
nagyanyám **c** a fiam **d** én **6 a** kertes **b** zöldséges **c** Londoni **d** budapesti,
négyes **e** tavaszi **f** mai **7 a** krumpli **b** téliszalámi **c** HÉV **8 a 1** a **2** b **3** a **4** a **5**
b **6** a **7** a **8** a **9** a **10** b **9** Revision is the mother of knowledge.

Grammar tables

Present tense indefinite conjugation

1 STANDARD VERBS

	Back vowel verbs	Front vowel verbs	Front vowel verbs with ö, ő, ü or ű as their final vowel
(én)	tud**ok**	kér**ek**	ül**ök**
(te)	tud**sz**	kér**sz**	ül**sz**
(ő)	tud	kér	ül
(mi)	tud**unk**	kér**ünk**	ül**ünk**
(ti)	tud**tok**	kér**tek**	ül**tök**
(ők)	tud**nak**	kér**nek**	ül**nek**

2 SIBILANT VERBS

	Back vowel verbs	Front vowel verbs	Front vowel verbs with ö, ő, ü or ű as their final vowel
(én)	olvasok	nézek	főzök
(te)	olvas**ol**	néz**el**	főz**öl**
(ő)	olvas	néz	főz
(mi)	olvasunk	nézünk	főzünk
(ti)	olvastok	néztek	főztök
(ők)	olvasnak	néznek	főznek

3 THE IK VERBS

	Back vowel verbs	Front vowel verbs	Front vowel verbs with ö, ő, ü or ű as their final vowel
(én)	lak**om**	veszeked**em**	öltözköd**öm**
(te)	laksz	veszekedsz	öltözködsz
(ő)	lak**ik**	veszeked**ik**	öltözköd**ik**
(mi)	lakunk	veszekedünk	öltözködünk
(ti)	laktok	veszekedtek	öltözködtök
(ők)	laknak	veszekednek	öltözködnek

4 Verbs ending in two consonants or ít

	Back vowel verbs	Front vowel verbs	Front vowel verbs with ö, ő, ü or ű as their final vowel
(én)	takarítok	értek	küldök
(te)	takarít**asz**	ért**esz**	küld**esz**
(ő)	takarít	ért	küld
(mi)	takarítunk	értünk	küldünk
(ti)	takarít**otok**	ért**etek**	küld**ötök**/küld**etek**
(ők)	takarít**anak**	ért**enek**	küld**enek**

Present tense definite conjugation

1 ALL VERB TYPES EXCEPT FOR SIBILANT VERBS

	Back vowel verbs	Front vowel verbs	Front vowel verbs with ö, ő, ü or ű as their final vowel
(én)	tud**om**	kér**em**	köszön**öm**
(te)	tud**od**	kér**ed**	köszön**öd**
(ő)	tud**ja**	kér**i**	köszön**i**
(mi)	tud**juk**	kér**jük**	köszön**jük**
(ti)	tud**játok**	kér**itek**	köszön**itek**
(ők)	tud**ják**	kér**ik**	köszön**ik**

2 SIBILANT VERBS

	Back vowel verbs	Front vowel verbs	Front vowel verbs with ö, ő, ü or ű as their final vowel
(én)	olvasom	teszem	főzöm
(te)	olvasod	teszed	főzöd
(ő)	olva**ss**a	teszi	főzi
(mi)	olva**ss**uk	te**ssz**ük	fő**zz**ük
(ti)	olva**ss**átok	teszitek	főzitek
(ők)	olva**ss**ák	teszik	főzik

Hungarian–English vocabulary

After each noun irregular accusative and singular possessive endings are given. Regular accusative and singular possessive endings are also shown for nouns ending in a consonant. Irregular infinitives of verbs are given and transitive verbs are marked. The following abbreviations are used: **v** stands for a verb, **n** for a noun and **adj** for an adjective.

a	*the*
ablak (-ot, -om, -od, -a)	*window*
ágy (-at, -am, -ad, -a)	*bed*
akar vmit	*want sg*
akkor	*then*
alatt	*under*
állatorvos (-t, -om, -od, -a)	*vet*
alma	*apple*
almalé (almalevet, almalevem, almaleved, almaleve)	*apple juice*
álmos	*sleepy*
alszik (aludni)	*sleep* (v)
általában	*usually*
aludni megy	*go to bed*
amerikai	*American*
amikor	*when*
Anglia	*England*
angol	*English*
anya (anyja)	*mother*
anyu	*mum*
apa (apja)	*father*

ár (-at, -a)	*price*
arab	*Arabic*
aranyos	*cute, sweet*
ásványvíz (ásványvizet, ásványvizem, ásványvized, ásványvize)	*mineral water*
asztal (-t, -om, -od, -a)	*table*
ausztrál	*Australian*
autó	*car*
az	*the, that*
bab (-ot, -om, -od, -ja)	*bean*
baj (-t, - om, -od, -a)	*matter*
bal	*left*
banán (-t, -om, -od, -ja)	*banana*
barát (-ot, -om, -od, -ja)	*friend, boyfriend*
barátnő	*female friend, girlfriend*
barna	*brown*
benne	*in it*
beszél	*speak*
beszélget	*chat, have a chat*
beteg	*ill*
bevásárlóközpont (-ot, -om,-od,-ja)	*shopping centre*
bicikli	*bike*
bicikliút (bicikliutat)	*bike lane*
bio	*organic*
biztos	*sure, surely*
bocs	*sorry*
bocsánat	*sorry*
bolt (-ot, -om, -od, -ja)	*shop*
bor (-t, -om, -od, -a)	*wine*
bordó	*wine coloured, maroon*
borsó	*pea*

burgonya	*potato*
busz (-t, -om, -od, -a)	*bus*
büfé	*buffet*
cég (-et, -em, -ed, -e)	*firm*
cézár	*Caesar*
cigaretta	*cigarette*
cím (-et, -em, -ed, -e)	*address, title*
citrom (-ot, -om, -od, -a)	*lemon*
cukor (cukrot, cukrom, cukrod, cukra)	*sugar*
cukrászda	*patisserie, café*
csak	*only, just*
család (-ot, -om, -od,-ja)	*family*
csarnok (-ot, -om, -od, -a)	*indoor market*
csendes	*quiet* (adj)
cseresznye	*cherry*
csillag (-ot, -om, -od, -a)	*star*
csinál vmit	*make, do sg*
csípős	*spicy hot*
csirke	*chicken*
csokoládé	*chocolate*
csütörtök (-öt, -öm, -öd, -e)	*Thursday*
de	*but*
deka	*10 grams*
dél (delet)	*noon*
délelőtt (-öt, -öm, -öd, -je)	*morning, in the morning*
délután (-t, -om, -od, -ja)	*afternoon, in the afternoon*
desszert (-et, -em, -ed, -je)	*dessert*
diák (-ot, -om, -od, -ja)	*student, pupil*
disznóhús (-t, -om, -od, -a)	*pork*
dolgozik	*work* (v)
dolgozószoba	*study*

drága	*expensive*
Duna	*Danube*
ebéd (-et, -em, -ed, -je)	*lunch*
ebédel vmit	*have lunch; have sg for lunch*
ecet (-et, -em, -ed, -je)	*vinegar*
edzés (-t, -em, -ed, -e)	*training*
egész	*whole, all*
egzotikus	*exotic*
egy	*a, an*
egyedül	*on one's own*
egyenesen	*straight on*
együtt	*together*
éhes	*hungry*
éjszaka	*night*
él	*live (v)*
eladó	*sales person*
elég	*quite*
elér vmit	*achieve sg*
élet (-et, -em, -ed, -e)	*life*
elfoglalt	*busy (person)*
előszoba	*hall*
először	*for the first time, first*
előtt	*in front of, outside*
elvált	*divorced*
ember (-t, -em, -ed, -e)	*man, person*
emelet (-et, -em, -ed, -e)	*floor*
énekel vmit	*sing sg*
énekes (-t, -em, -ed, -e)	*singer*
eper (epret, eprem, epred, epre)	*strawberry*
épület (-et, -em, -ed, -e)	*building*
ér (valahova)	*get (somewhere)*
érdekes	*interesting*

ért vmit	*understand sg*
és	*and*
esik	*fall* (v)
eső	*rain*
este	*evening, in the evening*
eszik vmit	*eat sg*
étel (-t, -em, -ed, -e)	*dish*
étlap (-ot, -om, -od, -ja)	*menu*
étterem (éttermet, éttermem, éttermed, étterme)	*restaurant*
étvágy (-at, -am, -ad, -a)	*appetite*
év (-et, -em, -ed, -e)	*year*
ez	*this, this one*
ezért	*because of this*
fa	*tree*
fantasztikus	*fantastic*
fáradt	*tired*
farkas (-t, -om, -od, -a)	*wolf*
fehér	*white*
fekete	*black*
fél (felet, fele)	*half*
feladat (-ot, -om, -od, -a)	*task*
feleség (-et, -em, -ed, -e)	*wife*
felett	*over, above*
felnőtt (-et)	*adult, grown up*
férfinév (férfinevet)	*male name*
férj (-et, -em, -ed, -e)	*husband*
fiatal	*young*
finom	*tasty, delicious*
Firenze	*Florence*
fiú	*boy, son*
fizet vmit	*pay sg*

fizetés (-t, -em, -ed, -e)	*pay* (n)
flörtöl	*flirt* (v)
foci	*football*
focimeccs (-et, -em, -ed, -e)	*football match*
focizik	*play football*
foglalkozás (-t, -om, -od, -a)	*profession, job*
fogyaszt vmit	*consume sg*
fok (-ot)	*Celsius degree*
fokhagyma	*garlic*
font (-ot)	*pound*
fontos	*important*
fotó	*photograph*
fotós (-t, -om, -od, -a)	*photographer*
főételek (-et)	*main courses*
föld (-et)	*ground*
főtt	*boiled*
főváros (-t, -om, -od, -a)	*capital city*
főz vmit	*cook sg*
francia	*French*
fröccs (-öt, -öm, -öd, -e)	*spritzer*
fúj	*blow* (v)
fut	*run* (v)
futball (-t)	*football*
fürdik	*have a bath, bathe*
fürdő	*spa*
fürdőszoba	*bathroom*
gazdag	*rich*
gomba	*mushroom*
gondol vmit	*think sg*
gratulál	*congratulate*
gulyás (-t, -om, -od, -a)	*goulash*

gyakran	*often*
gyalog	*on foot*
gyerek (-et, -em, -ed, -e)	*child*
gyümölcs (-öt, -öm, -öd, -e)	*fruit*
ha	*if*
hajnal (-t, -a)	*dawn*
hajó	*ship, boat*
hal (-at, -am, -ad, -a)	*fish*
halászlé	*Hungarian fish soup*
hálószoba	*bedroom*
hány?	*how many?*
háromnegyed	*three quarters*
hazamegy	*go home*
ház (-at, -am, -ad, -a)	*house*
házas	*married*
házaspár (-t)	*married couple*
házi munka	*housework*
hegy (-et, -em, -ed, -e)	*hill, mountain*
hely (-et, -em, -ed, -e)	*place*
helyett	*instead of*
helyi	*local*
hentes (-t, -em, -ed, -e)	*butcher, butcher's*
hétfő	*Monday*
hetijegy (-t, -em, -ed, -e)	*weekly travelcard*
hétvége	*weekend*
HÉV (-et)	*local train*
híd (hidat, hidam, hidad, hídja)	*bridge*
hideg	*cold*
híres	*famous*
hisz vmit	*believe, think sg*
hiszen	*but, surely*

hitelkártya	*credit card*
hó (havat)	*snow*
hóember (-t, -em, -ed, -e)	*snowman*
hogy?	*how, how well?*
hogy	*that*
hol?	*where?*
holnap (-ot, -om, -od, -ja)	*tomorrow*
holnapután (-t)	*the day after tomorrow*
hónap (-ot, -om, -od, -ja)	*month*
honnan?	*from where?*
horgászik	*go angling*
hosszú	*long*
hova / hová?	*where to?*
hölgy (-et, -em, -ed, -e)	*lady*
humorérzék (-et, -em, -ed, -e)	*sense of humour*
hús (-t, -om, -od, -a)	*meat*
húsbolt (-ot, -om, -od, -ja)	*butcher's*
ide	*(to) here*
identitás (-t, -om, -od, -a)	*identity*
idő (ideje)	*weather, time*
igaz	*true*
igazi	*real*
igen	*yes*
imád vkit, vmit	*love, adore sy, sg*
indul	*leave, depart*
ingyenes	*free (of charge)*
inkább	*rather*
innen	*from here*
intelligens	*intelligent*
internetezik	*be on the internet*
ír	*Irish*
ír vmit	*write sg*

irányítószám (-ot, -om, -od, -a)	*post code*
iroda	*office*
is	*also, as well*
iskola	*school*
iskolás (t)	*schoolchild, pupil*
ismer vkit, vmit	*know sy, sg*
ismétlés	*revision*
iszik vmit	*drink sg*
itt	*here*
japán	*Japanese*
jár	*go regularly*
játszik vmit	*play sg*
jég (jeget, jegem, jeged, jege)	*ice*
jeges	*icy*
jegy (-et, -em, -ed, -e)	*ticket*
jó	*good, fine, OK*
jobb	*better, right*
jól	*well*
jövőre	*next year*
kábel (-t, -em, -ed, -e)	*cable*
kalács (-ot, -om, -od, -a)	*milk loaf*
kanadai	*Canadian*
káposzta	*cabbage*
karácsony (-t, -om, -od, -a)	*Christmas*
kávé	*coffee*
kávéház (-at, -am, -ad, -a)	*café*
kedd (-et, -em, -ed, -je)	*Tuesday*
kedv (-et, -em, -ed, -e)	*mood*
kedves	*kind*
kék	*blue*
kel	*rise, get up*
kell	*must, have to*

kemping (et, -em, -ed, -je)	*camping*
kenyér (kenyeret, kenyerem, kenyered, kenyere)	*bread*
kér vmit	*ask for sg*
kérdés (-t, -em, -ed, -e)	*question*
kerékpár (-t, -om, -od, -ja)	*bicycle*
kerékpárút (kerékpárutat)	*bicycle lane*
keresztnév (keresztnevet, keresztnevem, keresztneved, keresztneve)	*first name*
kert (-et, -em, -ed, -je)	*garden*
kerül	*cost* (v)
kerület (-et, -em, -ed, -e)	*district*
későn	*late*
kész	*ready, finished*
készít vmit	*make, prepare sg*
kezdődik	*start, begin*
ki?	*who?*
kifli	*crescent shaped bread*
kiló	*kilogramme*
Kína	*China*
kínai	*Chinese*
kint	*outside*
kipróbál vmit	*try sg out*
kirándul	*go hiking*
kis	*small, little*
kitalál vmit	*guess sg*
kiváló	*outstanding, excellent*
kíván vmit	*wish sg*
kíváncsi	*curious*
kocsi	*car*
kocsma	*pub, tavern*

kóla	coke
kolbász (-t, -om, -od, -a)	sausage
komikus (-t, -om, -od, -a)	comedian
koncert (-et, -em, -ed, -je)	concert
konditerem (konditermet, konditermem, konditermed, konditerme)	gym
konzultáns (-t, -om, -od, -a)	consultant
konyha	kitchen, cuisine
korán	early
kosarazik	play basketball
köd (-öt)	fog
ködös	foggy
könyv (-et, -em, -ed, -e)	book
körte	pear
körút (körutat)	boulevard
körül	around
köszön vmit	thank for sg
köszönöm	thank you
kövér	fat
közben	during
közel	near, nearby
Közép-Európa	Central Europe
közért (-et, -em, -ed, -je)	grocery
között	between, among
központ (-ot, -om, -od, -ja)	centre
krumpli	spud
kukac (-ot)	worm
kulcs (-ot, -om, -od, -a)	key
kultúra	culture
kutya	dog
küld vmit	send sg

különös	*unusual*
lakás (-t, -om, -od, -a)	*flat* (n)
lakik	*live* (v)
lángos (-t, -om, -od, -a)	*fried dough*
lány (-t, -om, -od, -a)	*girl, daughter*
lassabban	*slower*
lát vkit, vmit	*see sy, sg*
látnivaló	*things to see*
látszik	*seem*
lecke	*homework*
légkondicionálás (t)	*air conditioning*
lehet	*possible*
lengyel	*Polish*
lenni	*to be*
lesz	*become*
leves (-t, -em, -ed, -e)	*soup*
levesek (-et)	*soups*
lila	*purple*
logikus	*logical*
ma	*today*
majd	*some time in the future*
majdnem	*almost*
magyar	*Hungarian*
magyaráz vmit	*explain sg*
Magyarország (-ot)	*Hungary*
magyartanár (-t, -om, -od, -a)	*teacher of Hungarian*
málna	*raspberry*
már	*already, before*
marhahús (-t, -om, -od, -a)	*beef*
Margitsziget (-et)	*Margaret Island*
máris	*straight away*
más	*different, another thing*

másfél (másfelet)	*one and a half*
masszázs (-t, -om, -od, -a)	*massage*
matek (-ot, -om, -od, -ja)	*maths*
még	*still*
megálló	*stop*
megházasodik	*get married*
megint	*again*
megnéz vmit	*have a look at sg*
megvan	*got it*
megy	*go*
meggy (-et, -em, -ed, -e)	*sour cherry*
meleg	*warm, hot*
mell (-et, -em, -ed, -e)	*breast*
mellék (-et, -em,-ed, -e)	*telephone extension*
mellett	*next to, beside*
melyik?	*which?, which one?*
memória	*memory*
menedzser (-t, -em, -ed, -e)	*manager*
mennyi?	*how much?*
mérges	*angry*
mert	*because*
messze	*far*
miatt	*because of*
miért?	*why?*
mikor?	*when?*
milyen?	*what, what kind of, what is … like?*
minden (-t)	*everything, every*
mindenhol	*everywhere*
mindez (-t)	*all this*
mindig	*always*
mint	*like*
mínusz	*minus*

mit?	*what?*
mond vmit	*say sg*
mos vmit	*wash sg*
mosogat	*wash up the dishes*
most	*now, at the moment, this time*
Moszkva	*Moscow*
mozi	*cinema*
mögött	*behind*
múlva	*in ... time*
munka	*work* (n)
munkanélküli	*unemployed*
mustár (-t, -om,-od, -a)	*mustard*
muszáj	*must*
múzeum (-ot, -om, -od, -a)	*museum*
nagyanya (nagyanyja)	*grandmother*
nagyapa (nagyapja)	*grandfather*
nagyon	*very*
nagyszülők	*grandparents*
nap (-ot, -om,-od, -ja)	*day, sun*
napijegy (-et, -em, -ed, -e)	*daily travelcard*
napozik	*sunbathe*
nappali(szoba)	*living room*
narancs (-ot, -om, -od, -a)	*orange*
narancslé (narancslevet, narancslevem, narancsleved, narancsleve)	*orange juice*
narancssárga	*orange (colour)*
náthás	*have a cold*
negyed (-et)	*quarter*
néha	*sometimes*
nehéz	*difficult, hard*
nélkül	*without*

nem	*no, not*
német	*German*
nemsokára	*soon*
nemzetközi	*international*
népdal (-t, -om, -od, -a)	*folk song*
név (nevet, nevem, neved, neve)	*name*
néz vkit, vmit	*watch, look at sy, sg*
nincs, nincsen	*isn't, there isn't*
női	*female*
nulla	*zero*
nyár (nyarat, nyaram, nyarad, nyara)	*summer*
nyelv (-et, -em, -ed, -e)	language
oda	*(to) there*
okos	*clever*
olaj (-at, -am, -ad, -a)	*oil*
olasz	*Italian*
olcsó	*cheap*
olvas vmit	*read sg*
óra	*o'clock, hour, watch, lesson*
orosz	*Russian*
ország (-ot, -om,-od, -a)	*country*
orvos (-t, -om, -od, -a)	*doctor*
osztály (-t, -om, -od, -a)	*class*
osztrák	*Austrian*
ott	*there*
otthon (-t, -om, -od, -a)	*home, at home*
öltözködik	*get dressed*
öreg	*old (for living things)*
örül	*be glad, be pleased*
ötlet (-et,-em, -ed, -e)	*idea*
ősz (-t, -öm, -öd, -e)	*autumn, grey (hair)*
őszibarack (-ot, -om, -od, -ja)	*peach*

palacsinta	*pancake*
pálinka	*Hungarian brandy*
pályaudvar (-t, -a)	*railway station*
panzió	*guest house*
paprika	*pepper*
pár (-at)	*pair*
paradicsom (-ot, -om, -od, -a)	*tomato*
parancsol vmit	*order, command sg*
parkol	*park* (v)
parkoló	*parking place*
pedig	*and, however, but, on the other hand*
pék (-et, -em, -ed, -je)	*baker, baker's*
péksütemény (-t, -em, -ed, -e)	*bakery product*
péntek (-et, -em, -ed, -e)	*Friday*
perc (-et, -em, -ed, -e)	*minute*
persze	*of course*
pezsgő	*champagne*
piac (-ot, -om, -od, -a)	*market* (n)
pihen	*rest, have a rest*
pincér (-t, -em, -ed, -e)	*waiter*
piros	*red*
pirospaprika	*ground red paprika*
plusz	*plus*
pogácsa	*savoury scone*
pohár (poharat, poharam, poharad, pohara)	*glass*
pont (-ot)	*dot*
próbál vmit	*try sg*
pörkölt (-et, -em, -ed, -je)	*stew*
pulyka	*turkey*
rádió	*radio*

ráér	*have the time*
recepció	*reception*
recepciós (-t, -om, -od, -a)	*receptionist*
recept (-et, -em, -ed, -je)	*recipe*
reggel	*morning, in the morning*
reggeli	*breakfast*
reggelizik vmit	*have breakfast; have sg for breakfat*
régen	*a long time ago*
régi	*old (for things)*
remél vmit	*hope sg*
rendben	*all right*
rendel	*have surgery hours*
rendel vmit	*order sg*
rendőr (-t, -öm, -öd, -e)	*policeman*
repül	*fly (v)*
repülő	*plane*
repülőgép (-et, -em, -ed, -e)	*airplane*
repülőjegy (-et, -em, -ed, -e)	*plane ticket*
repülőtér (repülőteret, repülőtere)	*airport*
retek (retket, retkem, retked, retke)	*radish*
rétes (-t, -em, -ed, -e)	*strudel*
romantikus	*romantic*
rossz	*bad*
rózsaszín (-t)	*pink*
rögtön	*straight away*
rövid	*short*
sajnos	*unfortunately*
sajt (-ot, -om, -od, -ja)	*cheese*
sakkozik	*play chess*
sakkozó	*chess player*
saláta	*salad, lettuce*
sárga	*yellow*

sárgabarack (-ot, -om, -od, -ja)	apricot
sárgarépa	carrot
segít	help (v)
semmi	nothing
sertéshús (-t, -om, -od, -a)	pork
sétál	walk, stroll (v)
síel	ski (v)
siet	hurry, be in a hurry
skót	Scottish
sok	a lot of, much, many
sokat	a lot
sonka	ham
sovány	lean
sör (-t, -öm, -öd, -e)	beer
sörözik	have beer
söröző	pub
spanyol	Spanish
sportol vmit	do sports
sült	fried
süt	shine
süt vmit	fry sg
sütemény (-t, -em, -ed, -e)	pastry
szabad	free, allowed
szabadidő	free time
szálloda	hotel
szegény	poor
szék (-et, -em, -ed, -e)	chair
szekrény (-t, -em, -ed, -e)	cupboard, wardrobe
szél (szelet)	wind
szeletelve	sliced
személy (-t, -em, -ed, -e)	person
szendvics (-et, -em, -ed, -e)	sandwich

szép	*beautiful*
szépség (-et, -em, -ed, -e)	*beauty*
szerda	*Wednesday*
szerencsére	*luckily*
szeret vkit, vmit	*like sy, sg*
szerint	*according to*
szilva	*plum*
színésznő	*actress*
szingli	*single person*
színház (-at, -am, -ad, -a)	*theatre*
szívesen	*not at all, you are welcome*
szoba	*room*
szombat (-ot, -om, -od, -ja)	*Saturday*
szomjas	*thirsty*
szomorú	*sad*
szósz (-t, -om, -od, -a)	*sauce*
szóval	*so*
szőlő	*grape*
szörfözik	*surf* (v)
szülők (-et)	*parents*
szürke	*grey*
takarít vmit	*do the cleaning, clean sg*
talál vmit	*find sg*
találkozik	*meet*
talán	*perhaps*
tanár (-t, -om,-od, -a)	*teacher*
táncol	*dance* (v)
tanul	*learn, study*
tárgyal	*negotiate*
tavasz (-t, -om, -od, -a)	*spring*
tegnap (-ot, -om, -od, -ja)	*yesterday*
tegnapelőtt (-öt)	*the day before yesterday*

tej (-et, -em, -ed, -e)	*milk*
tél (telet, telem, teled, tele)	*winter*
telefonszám (-ot, -om, -od, -a)	*telephone number*
templom (-ot, -a)	*church*
tenger (-t, -e)	*sea*
teniszezik	*play tennis*
teniszütő	*tennis racket*
tényleg	*really*
tér (teret, tere)	*playground, square*
térkép (-et, -em, -ed, -e)	*map*
testvér (-t, -em, -ed, -e)	*sibling*
tesz vmit	*put sg*
tetszik	*like, appeal* (v)
tévé	*telly*
tipikus	*typical*
tó (tavat, tava)	lake
tojás (-t, -om, -od, -a)	*egg*
tornázik	*do exercise*
torta	*cake*
trolibusz (-t, -om, -od, -a)	*trolley bus*
tud	*know, can, be able to*
tudás (-t, -om, -od, -a)	*knowledge*
túl	*too*
tulipán (-t, -om, -od, -ja)	*tulip*
turista	*tourist*
uborka	*cucumber*
újság (-ot, -om, -od, ja)	*newspaper*
unalmas	*boring*
unoka	*grandchild*
úr (urat, uram, urad, ura)	*Mr, sir*
úszik	*swim* (v)
úszómedence	*(swimming) pool*

út (utat, utam, utad, útja)	*road*
utál vkit, vmit	*hate sy, sg*
után	*after*
utána	*afterwards*
utazik	*travel* (v)
utca	*street*
üdítő	*soft drink*
ügyvéd(-et, -em, -ed, -je)	solicitor
ül	sit
üveg (-et, -em, -ed, -e)	bottle
üzletember (-t)	businessman
üzletközpont (-ot)	shopping centre
vacsora	*supper*
vacsorázik vmit	*have supper; eat sg for supper*
vagy	*or*
valaki	*somebody*
valami	*something*
vár (-at, -am, -ad, -a)	*castle*
vár vkit, vmit	*wait for sy, sg*
város (-t, -om, -od, -a)	*city, town*
vásár (-t)	*fair*
vasárnap (-ot, -om, -od, -ja)	*Sunday*
vásárol vmit	*buy sg; do some shopping*
vegyes	*mixed*
Velence	*Venice*
vendég (-et, -em, -ed, -e)	*guest*
vendéglő	*restaurant*
vesz vmit	*buy sg*
veszekedik	*quarrel* (v)
vezetéknév (vezetéknevet, vezetéknevem, vezetékneved, vezetékneve)	*surname*

villamos (-t, -om, -od, -a)	*tram*
virág (-ot, -om, -od, -a)	*flower*
viszonthallásra	*goodbye (on the phone)*
viszontlátásra	*goodbye*
víz (vizet, vizem, vized, vize)	*water*
vonat (-ot, -om, -od, -ja)	*train*
vörös	*red*
vöröshagyma	*onion*
zöld	*green*
zöldség (-et, -em, -ed, -e)	*vegetable*
zöldség – gyümölcs (öt)	*greengrocer's*
zuhanyozik	*have a shower*
zsemle	*roll*
zsíros	*greasy, fatty*

"Global scale" of the Common European Framework of Reference for Languages: learning, teaching, assessment (CEFR)

Advanced	CEFR LEVEL C2	Can understand with ease virtually everything heard or read. Can summarise information from different spoken and written sources, reconstructing arguments and accounts in a coherent presentation. Can express him/herself spontaneously, very fluently and precisely, differentiating finer shades of meaning even in more complex situations.
	CEFR LEVEL C1	Can understand a wide range of demanding, longer texts, and recognise implicit meaning. Can express him/herself fluently and spontaneously without much obvious searching for expressions. Can use language flexibly and effectively for social, academic and professional purposes. Can produce clear, well-structured, detailed text on complex subjects, showing controlled use of organisational patterns, connectors and cohesive devices.
Intermediate	CEFR LEVEL B2 (A Level)	Can understand the main ideas of complex text on both concrete and abstract topics, including technical discussions in his/her field of specialisation. Can interact with a degree of fluency and spontaneity that makes regular interaction with native speakers quite possible without strain for either party. Can produce clear, detailed text on a wide range of subjects and explain a viewpoint on a topical issue giving the advantages and disadvantages of various options.
	CEFR LEVEL B1 (Higher GCSE)	Can understand the main points of clear standard input on familiar matters regularly encountered in work, school, leisure, etc. Can deal with most situations likely to arise whilst travelling in an area where the language is spoken. Can produce simple connected text on topics which are familiar or of personal interest. Can describe experiences and events, dreams, hopes and ambitions and briefly give reasons and explanations for opinions and plans.
Beginner	CEFR LEVEL A2: (Foundation GCSE)	Can understand sentences and frequently used expressions related to areas of most immediate relevance (e.g. very basic personal and family information, shopping, local geography, employment). Can communicate in simple and routine tasks requiring a simple and direct exchange of information on familiar and routine matters. Can describe in simple terms aspects of his/her background, immediate environment and matters in areas of immediate need.
	CEFR LEVEL A1	Can understand and use familiar everyday expressions and very basic phrases aimed at the satisfaction of needs of a concrete type. Can introduce him/herself and others and can ask and answer questions about personal details such as where he/she lives, people he/she knows and things he/she has. Can interact in a simple way provided the other person talks slowly and clearly and is prepared to help.